DIE DEUTSCHE MARK

Münzen und Banknoten
von 1948 - 2001

Impressum

Verleger und Herausgeber:

Thomas Schantl Verlag
Max-Stromeyer-Straße 116
78 456 Konstanz

© Thomas Schantl Verlag, November 2004

Alle Rechte, auch die des Nachdrucks, der Vervielfältigung und Verbreitung in besonderen Verfahren wie fotomechanischer Nachdruck, Fotokopie, Mikrokopie, elektronische Datenaufzeichnung einschließlich Programmierung, Speicherung und Übertragung auf weitere Datenträger sowie der Übersetzung in andere Sprachen, behält sich der Verlag vor.
Für Irrtümer, Satz- und Druckfehler übernimmt der Verlag keine Haftung

Banknoten-Abbildungen: Deutsche Bundesbank, Geldgeschichtliche Sammlung

Vorwort

Liebe Sammlerin, lieber Sammler,

wir begrüßen Sie ganz herzlich zur ersten Auflage unseres umfassenden DM-Kataloges!

Vor über 55 Jahren wurde die Deutsche Mark geschaffen, aus den Ruinen der alten Reichsmark, in den Trümmern des zerstörten Deutschlands. Seither ist viel geschehen, und die Deutsche Mark wurde zu einer unvergleichlichen Erfolgsgeschichte – zum Symbol einer ganzen Nation.

Im Jahre 2002 wurden wir alle Zeugen eines großen historischen Schrittes: Europa ist ein bedeutendes Stück zusammengewachsen und der Euro hat die Deutsche Mark ersetzt!

Die DM ist also endgültig Geschichte und die Münzen der Deutschen Mark sind nun ein abgeschlossenes Sammelgebiet. Nachdem der Euro im Januar 2002 Realität wurde, haben sich immer mehr Sammler auf die alte Mark besonnen – das Sammelgebiet erlebte eine unerwartete Renaissance. Die neue Sammellust hat sich natürlich auch auf die Werte der DM-Münzen niedergeschlagen: Viele Münzen erzielen heute auf dem Sammlermarkt weit höhere Preise als in der Zeit vor dem Euro. Sie werden überrascht sein, wie der Wert so mancher unscheinbarer Münzen inzwischen gewachsen ist!

Vorwort

Der Katalog enthält die Umlaufmünzen der Deutschen Mark von der Währungsreform 1948 bis zum Ende der Prägezeit im Jahre 2001. Darüber hinaus sind auch die Gedenkmünzen und die offiziellen Kursmünzensätze mit eigenen Kapiteln vertreten.

Breiten Raum nehmen die Banknoten der Bundesrepublik ein. Die hochinteressanten und faszinierenden Sammelobjekte erhalten den verdienten gleichberechtigten Platz neben dem Münzgeld.

Über 50 Jahre deutscher Geldgeschichte sind in diesem Katalog bearbeitet: Die Münzen der Deutschen Mark sind Symbole des Wirtschaftswunders, der Teilung Deutschlands, der Wiedervereinigung – und wundervolle Erinnerungen an eine der stärksten Währungen der Welt!

Ganz gleich ob Sie langjähriger Sammler sind oder neu in dieses faszinierende Sammelgebiet einsteigen – mit diesem handlichen DM-Katalog haben Sie ein zuverlässiges Nachschlagewerk zur Hand, mit dem Sie so manchen schlummernden Schatz entdecken werden!

Wir wünschen Ihnen viel Freude am Sammeln!

Ihr Thomas Schantl Verlag

Inhaltsverzeichnis

Einleitung	
Von der Zigarettenwährung zur Deutschen Mark	9
Die Münzen	19
Die Banknoten	26

Hinweise zur Benutzung	32

Zeichenerklärung	34

Kursmünzen	
1 Pfennig	35
2 Pfennig	51
5 Pfennig	71
10 Pfennig	87
50 Pfennig	103
1 DM	121
2 DM „Ähren"	139
2 DM „Max Planck"	141
2 DM	163
5 DM „Silberadler"	185
5 DM	193

Inhaltsverzeichnis

Gedenkmünzen	
5 DM	203
10 DM „Olympia"	249
10 DM	257

Kursmünzensätze	297

Banknoten	
Banknoten 1948-1949	307
Serienbuchstaben	319
Banknoten 1960-1980	367
Banknoten 1989-1999	407
Sicherheitsmerkmale	431

Kleines Lexikon	443

Einleitung

Von der Zigarettenwährung zur Deutschen Mark

Die Stunde Null bezeichnet die politische, soziale und ökonomische Katastrophe Deutschlands nach dem Ende des Zweiten Weltkrieges, dem Tiefpunkt der deutschen Geschichte. Deutschland war besiegt und besetzt, der Staat existierte nicht mehr – die Zukunft des Landes lag in den Händen der alliierten Siegermächte und war so unsicher wie noch nie zuvor.

Aus dem Radio ertönte „Wenn bei Capri die rote Sonne im Meer versinkt" während die Menschen hungerten, froren und kein Dach über dem Kopf hatten. Es fehlte an allem: Essen, Seife, Strom und Kohle. Und das Geld, das man hatte, verlor in der Hand seinen Wert: 1000 Reichsmark für ein Paar Stiefel und 2000 Reichsmark für eine Weihnachtsgans – und die Preise kletterten unaufhaltsam weiter nach oben. Im Umlauf waren noch alte Reichsmark-Münzen und teilweise von den Alliierten Militärbehörden ausgegebene Behelfsbanknoten. Die Menschen und natürlich auch die Überreste der Wirtschaft litten unter dem unsicheren Zustand, fast jeder lebte von der Hand in den Mund. Aus der Not entwickelte sich ein System, das die Menschen in zwei Klassen spaltete: Die Einen fristeten ihr Dasein unter erbärmlichen Zuständen mit kargen Löhnen,

Einleitung

die Anderen dagegen waren glücklicher und besaßen Zigaretten, mit denen fast alles gekauft werden konnte. Zigaretten entwickelten sich zu einer Naturalien-Währung, die in weiten Teilen der Bevölkerung akzeptiert wurde. Vor allem amerikanische Zigaretten übernahmen jetzt die Aufgabe des Geldes: Deutschland war zur Tauschwirtschaft zurückgekehrt.

Dass dies auf die Dauer kein haltbarer Zustand war, wurde von den alliierten Siegern des Krieges Frankreich, England, der USA und der Sowjetunion bald eingesehen. Ohne solide Währung war keine Änderung der Situation in Aussicht, erst nach einer Währungsreform würden sich die Zustände nachhaltig bessern können. Doch Geldpolitik ist ein zentraler Bestandteil der hohen Politik – und diese wurde immer stärker geprägt vom Gegensatz zwischen Ost und West: Der Kalte Krieg war längst im Gange.

Einleitung

Bis zur Gründung der Bundesrepublik und der DDR war Deutschland in vier Besatzungszonen aufgeteilt: Die englische, französische und amerikanische Zone in den westlichen Gebieten des ehemaligen Reiches sowie die sowjetisch besetzte Zone (SBZ) im Osten. Die alte Reichshauptstadt Berlin war entsprechend in vier Sektoren aufgeteilt.
Während die drei Westmächte eng zusammen arbeiteten, fuhr die kommunistische Regierung der Sowjetunion von Anfang an einen Sonderkurs. Die politischen Interessen der Alliierten drifteten immer weiter auseinander, die Fronten verhärteten sich zunehmend und eine Vereinigung der Besatzungszonen wurde immer unwahrscheinlicher. Für die Westmächte war klar: Nur ein wirtschaftlich gesundes, politisch stabiles und vereintes Deutschland würde als Pufferzone gegen die Ausdehnungsinteressen der kommunistischen Sowjets bestehen können.

Nach einer Reihe unfruchtbarer Zusammenkünfte zwischen den Westalliierten und den Sowjets fiel Ende September 1947 die Entscheidung der Westmächte, eine Währungsreform in den westlichen Zonen durchzuführen. Die Verhandlungen mit den Sowjets wurde lediglich nach außen hin aufrechterhalten. Im April 1948 wurde der Wirtschaftsrat der vereinigten englisch-amerikanischen Zone (Bizone) aufgefordert, sich mit zehn deutschen Vertretern zusammen zu setzen, um die geplante Reform in deutsche Gesetzessprache zu fassen. Dabei fürchtete man die ganze Zeit, dass ihnen die Sowjets in der SBZ zuvorkommen könn-

Einleitung

ten und in der Folge eine unkontrollierbare Menge von wertlosen Reichsmark in den Westen abfließen würde. Bereits am 8. Juni 1948 war die Arbeit geschafft: Das „Erste Gesetz zur Neuordnung des Geldwesens" lag auf dem Tisch. Auf dieser Grundlage konnte die Umwandlung von der alten Reichsmark in die neugeschaffene Deutsche Mark sowie der Umtausch des Altgeldes geregelt werden. Im „Zweiten Gesetz zur Neuordnung des Geldwesens" wurde der Bank deutscher Länder, der Vorläuferin der Deutschen Bundesbank, das Notenausgaberecht und das Recht zum Prägen von Münzen erteilt.

Kurz vor der Währungsreform erreichten die Preise auf dem Schwarzmarkt erneut Höchststände: Eine amerikanische Zigarette wurde in Hamburg für 30 RM, in München sogar für 60 RM gehandelt.

In der Nacht vom 20. auf den 21. Juni 1948 war es dann soweit: Die neue Deutsche Mark wurde offizielles Zahlungsmittel in den Westzonen Deutschlands!

Einleitung

Die Deutsche Mark

Mit dem Tag der Währungsreform begann ein neues Leben! Die Geschäfte hatten ihre Waren zurückgehalten bis das neue Geld da war. Über Nacht war alles erhältlich, was man zum Leben brauchte, die Schaufenster waren voll. Die Menschen konnten für ihre Mark wieder etwas kaufen und die größte Not war vorüber. Jeder Deutsche erhielt ein „Kopfgeld" von 60 DM, 40 DM sofort und die restlichen 20 DM innerhalb von zwei Monaten.

Aber woher kam das neue Geld? Bereits im Oktober 1947 wurde in den USA begonnen, Geldscheine für die neue deutsche Währung zu drucken. In Deutschland war man erst ein bis zwei Jahre später in der Lage, Noten zu drucken und Münzen zu prägen. Die ganze Aktion erfolgte aus Angst vor einer Gegenreaktion der Sowjets unter größter Geheimhaltung. Unter dem Decknamen „Bird Dog" wurde das neue Geld nach Deutschland verschifft. Um den Zielort zu verschleiern stand auf den Kisten mit den druckfrischen Banknoten „Barcelona via Bremerhaven". Von Bremerhaven wurde das Geld bei Nacht und Nebel zwischen Februar und April nach Frankfurt a.M. geschafft und dort im Keller des alten Reichsbankgebäudes in der Taunusanlage streng geheim gelagert. Ab dem 14. Juni wurde es dann an die Landeszentralbanken verteilt und von dort unter dem Schutz der deutschen Polizei und der amerikanischen Militärpolizei in die Ausgabestellen transportiert, wo bisher die Lebensmittelkarten ausgegeben worden waren.

Einleitung

Die neuen Banknoten waren von den amtlichen Angaben her bewusst neutral gehalten. Es wurden weder die verantwortliche Behörde noch der Herstellungsort oder eine Unterschrift auf den Noten angegeben. Damit wäre es zu diesem Zeitpunkt durchaus noch möglich gewesen, die neuen Scheine auch in der SBZ zu verteilen. Doch in ihrer Gestaltung ähnelten die

in den USA hergestellten Scheine stark den Dollarnoten und die Sowjets hätten auf keinen Fall die „deutschen Dollars" in ihrer Zone geduldet – ganz abgesehen davon, dass aus sowjetischer Sicht eine allein von den Westmächten entwickelte Währungsreform für die SBZ nicht akzeptabel war. Es kam also zu keiner Einigung und jeder Versuch, doch noch eine gesamtdeutsche Lösung zu finden war zum Scheitern verurteilt.

Einleitung

Vier Tage nach der Währungsreform im Westen gaben die Sowjets in der SBZ als Reaktion alte Reichsbanknoten mit Klebemarken aus, die von der Bevölkerung spöttisch als „Tapetengeld" bezeichnet wurden. Wie sich herausstellte, waren die Sowjets vollkommen unvorbereitet und in der Kürze der Zeit nicht in der Lage gewesen, geeignetes Banknotenpapier herzustellen oder zu beschaffen. Damit war die sogenannte Ostmark geschaffen, ein zweites Geldsystem auf deutschem Boden.

Mit der Einführung unterschiedlicher Währungen verbreitete sich der Graben zwischen Ost und West – die Teilung Deutschlands war besiegelt.

Das Geld des deutschen „Wirtschaftswunders"

Die Währungsreform und die Einführung der DM gab dem Geld wieder seine notwendige Kaufkraft zurück. Eine Packung amerikanischer Zigaretten kostete 6 DM und wurde jetzt zum Rauchen gekauft. Es lohnte sich wieder, durch Arbeit Geld zu verdienen. Auch das Sparen war wieder sinnvoll und gab den Menschen die notwendige Sicherheit zurück. Die Währungsreform war die Grundlage des nachfolgenden Wirtschaftswunders.

Im Zeichen der Deutschen Mark kehrte Deutschland binnen weniger Jahre wieder zu der alten Wirtschaftskraft und zu hohem Wohlstand der Bevölkerung zurück – ein echtes Wunder, das nach der Katastrophe des Weltkrieges kaum jemand für möglich gehalten hätte.

Einleitung

Am 20. Juni 1948 erklärte Ludwig Erhard, Direktor der Wirtschaftsverwaltung, das „Ende der Zwangswirtschaft". Ende des gleichen Monats hob er die Bewirtschaftungsmaßnahmen auf und sorgte für einen schnellen Übergang zur freien Marktwirtschaft. In den 50er und 60er Jahren verdoppelte sich das Bruttosozialprodukt um fast 100 Prozent. Im gleichen Zeitraum stieg der Lebensstandard eines Arbeitsnehmers um zwei Drittel und die Preissteigerungen blieben gering. 1958 erreichte die DM die Konvertibilität, d.h. Auslandsgeschäfte konnten in DM oder Devisen abgewickelt werden. International erreichte die Wirtschaft der BRD eine Spitzenposition und die DM wurde zur stärksten Währung Europas. Das ermöglichte der Bevölkerung erstmals in der deutschen Geschichte das Ansparen eines beträchtlichen privaten Geldvermögens. In den 70er Jahren wurde Deutschland von Wirtschaftsturbulenzen erschüttert. Das Verhältnis zwischen dem Dollar und der DM musste wegen der anhaltenden Dollarschwäche neu geregelt werden. Mit der Ölkrise 1973 verschlechterte sich insgesamt das sozialpolitische Klima, Preissteigerungen und zunehmende Staatsverschuldung trieben die Zinsen auf Rekordhöhe. Trotzdem blieb die DM eine der stabilsten Währungen weltweit.

Einleitung

„Kommt die D-Mark, bleiben wir; kommt sie nicht, gehen wir zu ihr!"

Nach der Währungsreform vom 20./21. Juni 1948 in den drei Westzonen reagierte die sowjetische Führung wenig später mit einer eigenen Geldreform: Alte Reichsmark und Rentenmark-Scheine wurden mit aufgeklebten Wertmarken versehen und so „recycled". Die Einfuhr von Westgeld war verboten, ganz gleich ob es sich um alte Reichs- oder Rentenmark oder aber um die neu eingeführte Deutsche Mark handelte. Die Gültigkeit der Scheine mit den aufgeklebten Coupons war nur sehr kurz: Sie waren etwa

Einleitung

einen Monat im Umlauf, bis neue Ost-Banknoten der „Deutschen Notenbank" ausgegeben wurden.

Die Einführung zweier verschiedener Währungen in Ost- und Westdeutschland war ein bedeutendes Element der fortschreitenden Teilung der Welt durch den Eisernen Vorhang. Die politischen Gegensätze zwischen den Weltmächten der USA und der Sowjetunion wurden spürbar härter. Neben zahlreichen internationalen Konflikten und Kraftproben zeigte in Deutschland die Blockade Westberlins durch die Sowjets die latente Gewaltbereitschaft der kommunistischen Regierung. Der Kalte Krieg fand in Deutschland seinen Höhepunkt im Mauerbau quer durch Berlin am 13. August 1961.

Einleitung

Die sogenannte Ostmark kam während ihrer gesamten Gültigkeitsdauer über eine reine Binnenwährung nicht hinaus. Ihr fehlte damit ein wesentliches Merkmal einer stabilen Währung: Sie konnte nicht international gehandelt oder gegen andere Devisen getauscht werden. In der nationalen Geldpolitik der DDR war die wichtigste Aufgabe der Ostmark die Planwirtschaft zu bedienen. Wie man in Westdeutschland vor der Währungsreform für Zigaretten fast alles bekam, galt dies in der DDR nun für die westdeutsche DM. Die DDR richtete sogar spezielle Intershops ein, wo man für harte DM Waren kaufen konnte, die für Ostmark gar nicht erst erhältlich waren.

Nach dem wirtschaftlichen Zusammenbruch der DDR und der Wirtschaftsunion der DDR mit der BRD wurden DM im Wert von 28 Mrd. in die DDR transportiert. Bis zum 1. Juli 1990 musste Geld mit einem Gewicht von 460 Tonnen an die Banken verteilt sein, was ein unglaublicher logistischer und geldwirtschaftlicher Kraftakt bedeutete. Der Austausch des Geldes erfolgte ausschließlich über Bankkonten. Die Bürger der DDR mussten ihr Geld auf ihre Konten einzahlen und bekamen dann DM ausgezahlt, dabei gab es für zwei Ostmark eine DM. Bei Löhnen, Gehältern, Renten und bestimmten Guthaben wurde die Umstellung 1:1 vorgenommen. Die Bürger der DDR begrüßten die Währungsumstellung mit Feuerwerk und Volksfeststimmung. Am Ostberliner Alexanderplatz öffnete eine Filiale der Deutschen

Einleitung

Bank schon um Mitternacht ihre Pforten, kurz danach brach wegen des großen Ansturms rund um den Platz der Verkehr zusammen. Vom wirtschaftlichen Zusammenschluss erhofften sich viele Bürger der DDR Zugang zum westlichen Lebensstandard. Der Weg für die Wiedervereinigung Deutschlands nach vier Jahrzehnten der Teilung war geebnet!

Das Geld der Bundesrepublik – die Deutsche Mark

Die Münzen

Am 20. August 1948 wurde erstmals Geld von der Bank deutscher Länder ausgegeben, das die im Umlauf befindlichen ersten Banknoten der reformierten Währung ergänzen sollte. Da in der Kürze der Zeit keine neuen Münzen geprägt werden konnten, wurden zunächst kleinformatige Geldscheine zu 5 Pf (grün) und 10 Pf (blau) in den Umlauf gebracht.

Die erste neue Münze war das 1 Pf-Stück, das 1948 geprägt wurde und 1949 in Umlauf kam. Auf der Wertseite trug die Münze das Nominal, zwei Ähren und die Wertbezeichnung PFENNIG, die Rückseite einen Eichenzweig, die Jahreszahl und die Umschrift BANK DEUTSCHER LÄNDER. Mit dem Eichenzweig wurde bewusst an die Traditionen der Reichsmark angeknüpft,

Einleitung

um den Menschen die Umstellung auf das neue Geld zu erleichtern. Es folgten das 10 Pfennig-Stück, danach die 5 Pfennig-Münze und das 50 Pfennig-Nominal. Die Bank deutscher Länder wird als Münzherr genannt, da es noch keinen souveränen deutschen Staat gab. Das staatliche Hoheitsrecht des Münzregals (Münzrecht) lag weiterhin in den Händen der drei westlichen Militärregierungen.

Erst nach der Gründung der Bundesrepublik Deutschland und dem Inkrafttreten des Grundgesetzes am 23. Mai 1949 erhielt der westdeutsche Staat die Münzhoheit, die sie aber de facto erst nach dem 8. Juli 1950 ausübte. Seit 1950 trugen die DM-Münzen dann folgerichtig die Umschrift BUNDESREPUBLIK DEUTSCHLAND.

Eine offizielle Bekanntmachung der Bank deutscher Länder vom 9. Mai 1950 setzte fest, dass Münzen im Nennwert von 1 Pf, 5 Pf, 10 Pf und 50 Pf „mit dem Ausgabejahr 1950" in Umlauf gesetzt werden sollten. Zu den anderen Nominalen hieß es in dem Text lediglich „Jahreszahl". Auf dieser Basis wurde nun geprägt, streng nach Wortlaut – was zur Folge hatte, dass die betreffenden Münzen bis zur Novellierung 1965 unverändert mit der Jahreszahl 1950 hergestellt wurden.

Ende 1950 wurde dann die 2 Pfennig-Münze und das 1 DM-Stück ausgegeben. Ein Jahr später folgten die 2 DM-Stücke und 1952 schließlich das 5 DM-Stück als einzige Silbermünze.

Einleitung

Erst seit 1965 wurden alle Münzen einheitlich mit der Jahreszahl des jeweiligen Prägejahres versehen.

Geprägt wurden die Münzen in den traditionellen deutschen Münzstätten Karlsruhe (G), Stuttgart (F) und Hamburg (J) und München (D). Die Münzstätte in Berlin (A) konnte aufgrund ihrer Lage im Ostsektor der Stadt für die Produktion der DM nicht genutzt werden; hier wurden die Münzen der DDR geprägt. Erst nach Überwindung der Teilung Deutschlands 1990 prägte auch die Münze Berlin wieder bundesdeutsche Geldstücke. Gekennzeichnet sind die jeweiligen Ausgaben der Prägestätten mit den entsprechenden Großbuchstaben (A, D, F, G, J).

Die Münzen unterscheiden sich teilweise in den Legierungen und Metallfarben. Das 1 Pf-Stück besteht aus einem Stahlkern mit einem Kupferüberzug (kupferplattiert). Die 2 Pf-Münze dagegen bestand zunächst aus reinem Kupfer. 1968 entschied man sich jedoch für einen Materialwechsel und stellte die 2 Pfennig-Münzen wie das 1 Pfennig-Nominal aus kupferplattiertem Stahl her.

Einleitung

Die 5 Pf-Stücke hatten ebenfalls einen Stahlkern, aber einen Überzug aus Tombak, einer messingähnliche Legierung. Das Gleiche galt für die 10 Pf-Münze, die allerdings eine ganzes Gramm schwerer war.

50 Pf und 1 DM bestanden aus einer Kupfer-Nickel Legierung, wobei die 1 DM-Münze deutlich größer und schwerer war. Die Bildseite der 50 Pf-Münze zeigte eine junge Frau, die einen Eichensetzling in die Erde pflanzt. Viele Deutsche hielten auf Grund der vor der Währungsreform gültigen Zigarettenwährung das abgebildete Bäumchen irrtümlich für eine Tabakpflanze.

Auch bei der 1951 eingeführten 2 DM-Münze wurde ein Materialwechsel vorgenommen: Seit 1969 bestand die Münze nicht länger aus einer Kupfer-Nickel Legierung sondern aus dem Dreischichtenwerkstoff MAGNIMAT (Nickel/Kupfer/Nickel).

Vorher hatte man allerdings die Gestaltung grundsätzlich verändert, denn das 2 DM-Stück von 1951 sah den 1 DM-Münzen zum Verwechseln ähnlich – kein Wunder, stammte doch der Entwurf aus der gleichen Feder. Da Verwechslungen bei der in den 50er Jahren noch sehr hohen Kaufkraft der 2 DM-Werte empfindlich schmerzte, wurde die Münze schon 1959 außer Kurs gesetzt. An deren Stelle wurde ab 1957 eine neu gestaltete Münze in Umlauf gebracht. Dabei gab es eine kleine Sensation: Man hatte sich entschlossen, nicht wie bisher nur das Wertzeichen und den Bundesadler zu zeigen, sondern man

Einleitung

bildete das Portrait des Physik-Nobelpreisträgers Max Planck ab. 1971 wurde das Aussehen der 2 DM-Münze abermals neugestaltet, seitdem trug die 2 DM-Nominale die Portraits verdienter Politiker der BRD.

Die 2 DM „Ähren" von 1951 (so genannt wegen der vier Ähren auf der Wertseite) genießt wegen der kurzen Umlaufzeit und der nur einjährigen Prägezeit bei Sammlern einen hohen Wert.

Eine wechselvolle Geschichte erlebte auch die 5 DM-Münze. Sechs Jahre nach Kriegsende wurde 1951 die erste 5 DM-Münze ausgegeben, bestehend aus einer hochwertigen 625er Silberlegierung. Das wertvolle Edelmetall des sogenannten Silberadlers sollte den Menschen Mut machen und zusätzlich Vertrauen schaffen in die neue Währung. Im Jahre 1974 wurde der letzte Silberadler ausgegeben, um kurz darauf gleich wieder eingezogen zu werden: Der Preis für das Silber war international so stark angestiegen, dass der Silberwert der 5 DM-Münzen inzwischen höher war als der Nennwert. Die „Heiermänner" wurden gehortet und verschwanden zusehends aus dem Verkehr. Die Bundesbank reagierte prompt: In kürzester Zeit wurde der größte Teil der beliebten Silberadler eingezogen und eingeschmolzen.

Einleitung

Ein neugestaltetes 5 DM-Stück wurde 1975 in Umlauf gegeben, das von nun an aus MAGNIMAT bestand. Besonders die Automatenbetreiber waren über die Umstellung auf MAGNIMAT hochzufrieden, da die Silbermünzen nicht automatensicher waren und den Betreibern erhebliche Einbußen eingebracht hatten. Dies war seit Generationen das erste Mal, dass in Deutschland keine Edelmetallmünzen mehr im Umlauf waren.

Bis 1964 wurden von den vier Prägestätten der BRD auch Umlaufmünzen in der Sonderqualität „Polierte Platte" hergestellt, allerdings sehr marginal und unregelmäßig. Diese Kursmünzen kamen natürlich nie in den Umlauf, sondern wurden einzeln direkt von den Prägeanstalten an Sammler verkauft. Die Prägezahlen dieser hochseltenen Münzen waren verschwindend gering und bewegen sich in etwa zwischen 20 und 300 Exemplaren – bei mehreren Millionen Stück in der Gesamtauflage.

1964 wurden erstmals komplette Jahressätze mit allen Nominalen (Kursmünzensätze) in der höchsten Qualitätsstufe Polierte Platte hergestellt und in offizieller Verpackung verkauft. Seit 1971 erscheinen regelmäßig PP-Kursmünzensätze von allen vier Prägestätten, seit 1974 wurden dann auch Jahressätze in Stempelglanz-Qualität ausgegeben.

Einleitung

Neben den regulären Umlaufmünzen hat die Bundesrepublik 1952 begonnen, regelmäßig Gedenkmünzen auszugeben. Diese Münzen mit den Nominalen 5 DM und später 10 DM widmeten sich bestimmten Themen und Jubiläen und waren offizielle Zahlungsmittel, wobei aber kaum ein solches Exemplar in den normalen Geldumlauf gelangte.

Die Reihe der 5 DM-Gedenkmünzen wurde 1952 begonnen. Geprägt wurden die Gedenkmünzen von jeweils nur einer Prägestätte. Bis 1979 wurde in 625er Silber gemünzt, danach in MAGNIMAT. Zur Olympiade in München 1972 wurden erstmals Silber-Gedenkmünzen im Nennwert von 10 DM geprägt, hier waren alle Prägestätten an der Produktion beteiligt. 1987 wurde die Ausgabe der 5 DM-Gedenkmünzen eingestellt und durch 10 DM-Nominale in Silber ersetzt. Diese Tradition der silbernen Gedenk-Zehner wird nun in der Ära des Euro fortgesetzt.

Das Münzsystem der DM war nach den Modifizierungen in Legierung und Aussehen stabil und erfolgreich. Bis zur Einführung des Euro im Jahre 2002 wurden keine Veränderungen mehr vorgenommen – und mit der Abschaffung der DM ging eine der erfolgreichsten und beliebtesten Währungen der Welt in den wohlverdienten Ruhestand!

Einleitung

Die Banknoten

Die ersten Banknoten, die nach der Währungsreform ausgegeben wurden, umfassten ein breites Nominal-Spektrum: 1/2 DM, 1 DM, 2 DM, 5 DM, 10 DM, 20 DM, 50 DM und 100 DM. Dazu kamen dann im August 1948 die schon erwähnten „Kleingeld-Scheine" zu 5 und 10 Pfennig. Die Ausgaben für Westberlin wurden mit einem großen B gestempelt. Dennoch war die Situation bei der Versorgung mit Geldnoten unbefriedigend. Von den dollarähnlichen Scheinen der ersten Ausgaben 1948/49 tauchten massenhaft Fälschungen auf.
Im Juli 1949 entschied sich die Bank deutscher Länder für eine Überarbeitung des bestehenden Systems: Die 5, 50 und 100 DM-Banknoten sollten neu gestaltet und fälschungssicherer werden. Bei den 10 DM und 20 DM Scheinen wurde kein Neuentwurf geplant, da schon erhebliche Engpässe bei der Versorgung eingetreten waren. Es wurden lediglich einige Daten auf der Vorder- und Rückseite geändert. Eine andere Situation lag bei den 5 DM Scheinen vor. Seit ihrem Erscheinen im Dezember 1948 waren zahllose Fälschungen im Umlauf und das Prägen von 5 DM Münzen war noch nicht möglich. Man entschied sich für Max Bittrof als Gestalter der neuen Scheine. Bittrofs Entwurf zeigte auf der Vorderseite die Entführung der nackten Europa auf dem Zeus-Stier. Die Resonanz auf den neuen Schein war geteilt: Die unbekleidete Frau sorgte für Aufregung, die sogar zu einer Anzeige gegen

Einleitung

Unbekannt wegen Verbreitung unzüchtiger Bilder führte. Auf Anfrage der Staatsanwaltschaft antwortete die Notenbank dem Kläger, einem Bürger aus Schramberg: „Der Vorwurf der Verbreitung einer unzüchtigen Abbildung wäre nur gerechtfertigt, wenn die Fünf-DM-Note in ihrer Gestaltung irgendwelche unsittlichen Absichten verfolgte oder zum Ausdruck brächte. Hiervon aber kann keine Rede sein." Die Sache wurde daraufhin nicht weiter verfolgt. Als die ersten 5 DM-Münzen geprägt werden konnten, wurde der Druck der Fünfernote vorübergehend eingestellt.

Max Bittrof entwarf auch die neuen 50 DM und 100 DM-Noten. Der Fünfziger zeigt den Nürnberger Kaufmann Hans Imhof nach einem Bild von Albrecht Dürer, der 100 DM-Schein den ebenfalls von Dürer gemalten Nürnberger Ratsherren Jakob Muffel.

Die Geldscheine der Bank Deutscher Länder wurden durch eine im Jahre 1960 ausgegebene Banknotenserie ersetzt. Die Banknoten gab es in den Wertenstufen 5 DM, 10 DM, 20 DM, 50 DM, 100 DM, 500 DM und 1000 DM und wurden jetzt von der Deutschen Bundesbank herausgegeben. Die Personen, die auf den einzelnen Geldscheinen dargestellt wurden, waren von einem Gremium der Deutschen Bundesbank festgelegt worden. Die bildliche Gestaltung blieb den Künstlern freigestellt.

Einleitung

Einleitung

Den Gestaltungswettbewerb gewann der in Hamburg lebende Schweizer Grafiker Hermann Eidenbenz. Die damals ausgewählten Motive wurden im wesentlichen bis zu der Neugestaltung der Banknoten im Jahre 1990 beibehalten. Auch das Farbensystem der Banknoten wurde später beibehalten: Fünf- und Zwanzigmarkscheine waren grün, Zehn- und Hundertmarkscheine blau, der 50 Markschein braun und der Fünfhundertmarkschein rötlich-braun, der Tausender wurde dunkelbraun gehalten.

Die letzte Banknotenserie der Deutschen Mark

Am 19. März 1981 beschloss der Rat der Zentralbanken die Ausgabe einer neuen Banknotenserie. Es war inzwischen deutlich geworden, dass die Sicherheitsvorkehrungen der sich im Umlauf befindlichen Noten in Anbetracht der sich entwik-

Einleitung

kelnden Reproduktionstechniken nicht mehr ausreichen, um die Fälschungssicherheit der Banknoten zu gewährleisten. Ein weiterer Aspekt war die Erhöhung der Automatensicherheit und die Modernisierung des Erscheinungsbildes. Die Farben der einzelnen Werte wollte man dagegen beibehalten, um die Vertrautheit im Umgang zu erhalten.

Die Stückelung wollte man ändern bzw. erweitern. Man führte eine 200 DM-Note ein, um die große Lücke zwischen 100er und 500er Scheinen zu schließen. Es bedeutet einen außerordentlich großen Aufwand eine neue Notenserie ins Leben zu rufen. Zunächst wählte ein Gremium aus vier hochkarätigen Wissenschaftlern die Persönlichkeiten aus, die für eine Abbildung auf den Noten in Frage kamen. Bei der Auswahl sollte nicht nur die Leistung und Bedeutung der Personen im Vordergrund stehen, es sollte auch auf Ausgewogenheit hinsichtlich Religionszugehörigkeit, landsmannschaftlicher Zuordnung sowie der Geschlechter geachtet werden. Anschließend wurde ein Gestaltungswettbewerb unter vier bedeutenden Grafikern ausgeschrieben, deren Entwürfe von einem Sachverständigengremium begutachtet wurden. Allerdings war man mit den eingereichten Entwürfen unzufrieden. Gleichzeitig hatte die Bundesdruckerei versucht einen Entwurf ihres hauseigenen Grafikers Reinhold Gerstetter einzubringen, was zunächst von der Bundesbank als unzulässig abgewiesen wurde. Schließlich war es dann aber doch dieser Entwurf, der nach einigen Änderungen umgesetzt wurde.

Einleitung

1989 wurden schließlich diese neuen – und letzten – Banknoten der Deutschen Mark ausgegeben. Die Banknoten standen für eine Währung, die fast überall auf der Welt die gleiche Bekanntheit und Akzeptanz gefunden hatte, wie die Weltwährung des amerikanischen US-Dollars!

Die Deutsche Mark steht für ein bedeutendes Kapitel der Geschichte unseres Landes: Von der Stunde Null zum wirtschaftsstarken und weltweit geachteten Mitglied der Völkerfamilie.

Als der Euro eingeführt wurde, kam bei vielen Bürgern eine wehmütige Abschiedsstimmung auf. Mit der DM waren viele Gefühle verbunden: Das erste Taschengeld, der erste Lohn und für die Älteren unter uns die Erinnerung an das Aufatmen nach dem katastrophalen Zweiten Weltkrieg, den Wiederaufbau Deutschlands, das Wirtschaftswunder, Adenauer und Erhard – sowie unzählige weitere persönliche Erinnerungen und Geschichten.

Mit dem Sammeln der DM-Münzen und Banknoten holen Sie sich alle dieses Geschichten und Erinnerungen zurück, und schaffen sich damit einen wahren Schatz unerschöpflicher Freude – in verschiedener Hinsicht: Zum Einen sammeln Sie bleibende Werte, die auf dem Sammlermarkt oft steigende Preise erzielen. Zum Anderen sammeln Sie mit den Münzen authentische Zeugnisse der deutschen Geschichte – ein numismatisches Panorama von über 40 erfolgreichen und friedlichen Jahren der Bundesrepublik Deutschland!

Hinweise zur Benutzung

Dem eigentlichen Katalog mit den Auflistungen und Bewertungen der Münzen und Banknoten ist ein einleitendes Kapitel zur Geschichte der Deutschen Mark, der DM-Münzen und der Banknoten voran gestellt.

Der Katalogteil beginnt zunächst mit der Auflistung der Umlaufmünzen (Kursmünzen), sortiert nach den Nominalen (Wertstufen), aufsteigend von 1 Pfennig bis 5 DM. Den 5 DM und 10 DM-Gedenkmünzen ist ein eigenes Kapitel gewidmet. Den 5 DM-Münzen folgen die 10 DM-Ausgaben, jeweils in der chronologischen Reihenfolge des Erscheinens.

Am Ende der Kapitel zu den Münzen der BRD findet sich die Auflistung der offiziellen Kursmünzensätze in Polierter Platte und Stempelglanz.

Breiten Raum nimmt das Kapitel zu den Banknoten der Bundesrepublik seit der Währungsreform 1948 bis zur Einführung des Euro und der Einstellung der DM-Ausgaben im Jahre 2002 ein. Sie finden jeden Schein mit Vorder- und Rückseite abgebildet.

Abgeschlossen wird der Katalog mit einem kleinen Lexikon, in dem die wichtigsten Fachbegriffe kurz und verständlich erläutern werden.

Hinweise zur Benutzung

Beispiel:

Auflage: M = Millionen **Prägejahr**

1967

D 5,21 M	ss	3,-	vz	12,50	st	38,-
F 6,01 M	ss	3,-	vz	12,50	st	38,-
G 1,84 M	ss	15,-	vz	30,-	st	85,-
J 10,68 M	ss	4,-	vz	25,-	st	75,-

Prägestätten-zeichen   **Bewertung in €**

Erhaltung im Kästchen

Das Sammler-Kästchen

Die Angabe der Erhaltung wird in einem kleinen Kasten angegeben, das noch einen weiteren Zweck erfüllen kann: Hier können Sie ein Kreuzchen machen, wenn die betreffende Münze den Weg in Ihre Sammlung gefunden hat. So haben Sie immer den vollständigen Überblick über Ihren Sammlungsbestand und können das Wachstum Ihrer Sammlung bis zur Vollständigkeit bestens nachvollziehen!

Zeichenerklärung

Weitere Informationen finden Sie auch in unserem kleinen Lexikon auf Seite 443!

Münz-Erhaltungen:

ss	=	Sehr Schön
vz	=	Vorzüglich
st	=	Stempelglanz
PP	=	Polierte Platte

Banknoten-Erhaltungen:

III	=	gebraucht
I	=	Kassenfrisch

M	=	Millionen (bei Auflagen)
KN	=	Kennnummer
LP	=	Liebhaberpreis

Prägestättenzeichen:

A	=	Berlin
D	=	München
F	=	Stuttgart
G	=	Karlsruhe
J	=	Hamburg

Informationen zu Serienbuchstaben auf den Banknoten finden Sie auf Seite 319!

1948-1949 1 Pf-Kursmünzen

Der Entwurf der 1 Pf-Münze stammt von dem Frankfurter Künstler Adolf Jäger. Die Wertseite zeigt neben dem Nominal umlaufend zwei Ähren, das Münzzeichen und PFENNIG. Auf der Bildseite sieht man einen aufrecht stehenden fünfblättrigen Eichenzweig, das Symbol für republikanische Tugenden. Die Umschrift lautet BANK DEUTSCHER LANDER. Obwohl das 1 Pf-Stück mit der Jahreszahl 1948 geprägt wurde, kam es erst am 24. Januar 1949 in Umlauf.

1 Deutscher Pfennig *1948-1949*
„Bank deutscher Länder"

Erstausgabe: 24.01.1949
Gültig bis: 28.02.2002
Gewicht: 2 Gramm
Durchmesser: 16,5 mm
Material: Eisen, kupferplattiert
Rand: glatt
Jaegernummer: 376

Prägestätten:
D = München
F = Stuttgart
G = Karlsruhe
J = Hamburg

1948-1949 1 Pf-Kursmünzen

1948

D	46,32 M	ss	4,50	vz	26,-	st	120,-
F	68,20 M	ss	3,-	vz	21,-	st	90,-
G	45,60 M	ss	4,50	vz	26,-	st	120,-
J	79,30 M	ss	5,-	vz	38,-	st	120,-

1949

D	99,86 M	ss	4,-	vz	19,-	st	75,-
F	129,94 M	ss	2,50	vz	15,-	st	50,-
G	70,95 M	ss	4,-	vz	23,-	st	85,-
J	101,93 M	ss	4,-	vz	23,-	st	85,-

1950-2001 1 Pf-Kursmünzen

Mit dem Inkrafttreten des Grundgesetzes am 23. Mai 1949 ist die Bundesrepublik gegründet worden. 1950 hat die BRD die Münzhoheit von den drei Westmächten übernommen. Auf der Bildseite wurde folglich die Umschrift in BUNDESREPUBLIK DEUTSCHLAND geändert. Auf Grund einer Bekanntmachung der Bank deutscher Länder wurden die Münzen bis 1966 mit der Jahreszahl 1950 versehen.

1 Deutscher Pfennig *1950-2001*

Erstausgabe: 1950
Gültig bis: 28.02.2002
Gewicht: 2 Gramm
Durchmesser: 16,5 mm
Material: Eisen, kupferplattiert
Rand: glatt
Jaegernummer: 380

Prägestätten:
A = Berlin (seit 1991)
D = München
F = Stuttgart
G = Karlsruhe
J – Hamburg

1950-1967 1 Pf-Kursmünzen

1950

D 772,59 M	ss	2,-	vz 5,-	st	13,-
F 898,27 M	ss	2,-	vz 5,-	st	13,-
G 515,67 M	ss	2,-	vz 5,-	st	13,-
J 784,42 M	ss	2,-	vz 5,-	st	13,-

1966

D 65,00 M	ss	2,-	vz 5,-	st	14,-
F 75,00 M	ss	2,-	vz 5,-	st	14,-
G 48,25 M	ss	3,-	vz 7,-	st	16,-
J 66,75 M	ss	2,-	vz 5,-	st	14,-

1967

D 39,00 M	ss	2,-	vz 5,-	st	15,-
F 45,00 M	ss	2,-	vz 5,-	st	15,-
G 20,79 M	ss	6,-	vz 10,-	st	25,-
J 42,58 M	ss	2,-	vz 5,-	st	15,-

1968-1970 1 Pf-Kursmünzen

1 Pf

1968

D 32,79	ss 2,-	vz 4,-	st 15,-
F 26,34 M	ss 2,-	vz 4,-	st 15,-
G 20,38 M	ss 3,-	vz 6,-	st 18,-
J 23,41 M	ss 3,-	vz 5,-	st 16,-

1969

D 78,18 M	ss 2,-	vz 3,-	st 5,-
F 90,18 M	ss 2,-	vz 3,-	st 5,-
G 61,83 M	ss 2,-	vz 3,-	st 5,-
J 80,22 M	ss 2,-	vz 3,-	st 5,-

1970

D 91,15 M	ss 1,-	vz 1,50	st 3,-
F 105,24 M	ss 1,-	vz 1,50	st 3,-
G 82,42 M	ss 1,-	vz 1,50	st 3,-
J 93,45 M	ss 1,-	vz 1,50	st 3,-

1971-1973 1 Pf-Kursmünzen

1971

D 116,61 M ss 1,-   vz 1,50   st 3,-
F 157,40 M ss 1,-   vz 1,50   st 3,-
G 77,67 M   ss 1,50 vz 2,-   st 3,50
J 120,22 M ss 1,-   vz 1,50   st 3,-

1972

D 90,69 M   ss 1,-   vz 1,50   st 3,-
F 105,01 M ss 1,-   vz 1,50   st 3,-
G 60,66 M   ss 1,50 vz 2,-   st 4,-
J 93,49 M   ss 1,-   vz 1,50   st 3,-

1973

D 38,97 M   ss 1,-   vz 1,50   st 3,-
F 45,01 M   ss 1,-   vz 1,50   st 3,-
G 25,81 M   ss 1,50 vz 2,-   st 3,50
J 40,05 M   ss 1,-   vz 1,50   st 3,-

1974-1976 **1 Pf-Kursmünzen**

1974

D	91,95 M	ss 1,-	vz 1,50	st 3,-
F	105,12 M	ss 1,-	vz 1,50	st 3,-
G	60,55 M	ss 1,50	vz 2,-	st 3,50
J	93,53 M	ss 1,-	vz 1,50	st 3,-

1975

D	91,05 M	ss 1,-	vz 1,50	st 3,-
F	105,05 M	ss 1,-	vz 1,50	st 3,-
G	60,70 M	ss 1,50	vz 2,-	st 3,50
J	93,49 M	ss 1,-	vz 1,50	st 3,-

1976

D	130,23 M	ss 1,-	vz 1,50	st 3,-
F	150,08 M	ss 1,-	vz 1,50	st 3,-
G	86,58 M	ss 1,50	vz 2,-	st 3,50
J	133,54 M	ss 1,-	vz 1,50	st 3,-

1977-1979 1 Pf-Kursmünzen

1977

D 143,05 M	ss	1,-	vz	1,50	st	3,-
F 164,97 M	ss	1,-	vz	1,50	st	3,-
G 95,04 M	ss	1,50	vz	2,-	st	3,50
J 146,79 M	ss	1,-	vz	1,50	st	3,-

1978

D 156,14 M	ss	1,-	vz	1,50	st	3,-
F 180,29 M	ss	1,-	vz	1,50	st	3,-
G 104,02 M	ss	1,50	vz	2,-	st	3,50
J 160,25 M	ss	1,-	vz	1,50	st	3,-

1979

D 156,35 M	ss	1,-	vz	1,50	st	3,-
F 180,24 M	ss	1,-	vz	1,50	st	3,-
G 103,99 M	ss	1,-	vz	2,-	st	3,50
J 160,29 M	ss	1,-	vz	1,50	st	3,50

1980-1982 1 Pf-Kursmünzen

1980

D 156,11 M ss 1,-   vz 1,50   st 3,-
F 180,11 M ss 1,-   vz 1,50   st 3,-
G 103,91 M ss 1,50 vz 2,-   st 3,50
J 160,29 M ss 1,-   vz 1,30   st 3,-

1981

D 169,09 M ss 1,-   vz 1,50   st 3,-
F 195,09 M ss 1,-   vz 1,50   st 3,-
G 112,54 M ss 1,50 vz 2,-   st 3,50
J 173,59 M ss 1,-   vz 1,50   st 3,-

1982

D 165,84 M ss 1,-   vz 1,50   st 3,-
F 191,33 M ss 1,-   vz 1,50   st 3,-
G 110,37 M 38 1,50 vz 2,-   st 3,50
J 170,30 M ss 1,-   vz 1,50   st 3,-

1983-1985 1 Pf-Kursmünzen

1983

D 169,07 M ss 1,-   vz 1,50 st 3,-
F 195,07 M ss 1,-   vz 1,50 st 3,-
G 112,51 M ss 1,50 vz 2,-   st 3,50
J 173,61 M ss 1,-   vz 1,50 st 3,-

1984

D 169,06 M ss 1,-   vz 1,50 st 3,-
F 195,06 M ss 1,-   vz 1,50 st 3,-
G 112,51 M ss 1,50 vz 2,-   st 3,50
J 173,61 M ss 1,-   vz 1,50 st 3,-

1985

D 140,46 M ss -,-   vz 1,50 st 3,-
F 162,05 M ss -,-   vz 1,50 st 3,-
G 93,47 M   ss -,-   vz 1,50 st 3,-
J 144,23 M ss -,-   vz 1,50 st 3,-

1986-1988 1 Pf-Kursmünzen

1986

D 130,04 M ss -,-   vz 1,50   st 3,-
F 150,04 M ss -,-   vz 1,50   st 3,-
G 86,54 M   ss -,-   vz 2,-   st 3,50
J 133,54 M ss -,-   vz 1,50   st 3,-

1987

D 104,04 M ss -,-   vz 1,50   st 3,-
F 120,04 M ss -,-   vz 1,50   st 3,-
G 69,24 M   ss -,-   vz 2,-   st 3,50
J 106,84 M ss -,-   vz 1,50   st 3,-

1988

D 104,04 M ss -,-   vz 1,50   st 3,-
F 120,04 M ss -,-   vz 1,50   st 3,-
G 69,24 M   ss -,-   vz 2,-   st 3,50
J 106,84 M ss -,-   vz 1,50   st 3,-

1989-1991 **1 Pf-Kursmünzen**

1989

D 104,04 M	ss -,-	vz 1,50	st 3,-
F 120,04 M	ss -,-	vz 1,50	st 3,-
G 69,24 M	ss -,-	vz 2,-	st 3,50
J 106,84 M	ss -,-	vz 1,50	st 3,-

1990

D 169,04 M	ss -,-	vz 1,-	st 3,-
F 195,04 M	ss -,-	vz 1,-	st 3,-
G 112,49 M	ss -,-	vz 1,50	st 3,-
J 173,59 M	ss -,-	vz 1,-	st 3,-

1991

A 260,00 M	ss -,-	vz 1,-	st 3,-
D 273,00 M	ss -,-	vz 1,-	st 3,-
F 312,00 M	ss -,-	vz 1,-	st 3,-
G 182,00 M	ss -,-	vz 1,50	st 3,-
J 273,00 M	ss -,-	vz 1,-	st 3,-

1992-1994 1 Pf-Kursmünzen

1992

A 40,00 M	ss	-,-	vz	1,50	st 3,-
D 42,00 M	ss	-,-	vz	1,50	st 3,-
F 48,00 M	ss	-,-	vz	1,50	st 3,-
G 28,00 M	ss	-,-	vz	2,-	st 4,-
J 42,00 M	ss	-,-	vz	1,50	st 3,-

1993

A 40,00 M	ss	-,-	vz	1,50	st 3,-
D 42,00 M	ss	-,-	vz	1,50	st 3,-
F 48,00 M	ss	-,-	vz	1,50	st 3,-
G 28,00 M	ss	-,-	vz	2,-	st 4,-
J 42,00 M	ss	-,-	vz	1,50	st 3,-

1994

A 100,00 M	ss	-,-	vz	1,50	st 3,-
D 105,00 M	ss	-,-	vz	1,50	st 3,-
F 120,00 M	ss	-,-	vz	1,50	st 3,-
G 70,00 M	ss	-,-	vz	2,-	st 4,-
J 105,00 M	ss	-,-	vz	1,50	st 3,-

1995-1997 **1 Pf-Kursmünzen**

1995

A	100,00 M	ss -,-	vz	1,50	st 2,-
D	105,00 M	ss -,-	vz	1,50	st 2,-
F	120,00 M	ss -,-	vz	1,50	st 2,-
G	70,00 M	ss -,-	vz	1,50	st 2,-
J	105,00 M	ss -,-	vz	1,50	st 2,-

1996

A	80,00 M	ss -,-	vz	1,-	st 2,-
D	84,00 M	ss -,-	vz	1,-	st 2,-
F	96,00 M	ss -,-	vz	1,-	st 2,-
G	56,00 M	ss -,-	vz	1,-	st 2,-
J	84,00 M	ss -,-	vz	1,-	st 2,-

Die Jahrgänge 1997-2001 wurden nur in Kursmünzensätzen ausgegeben.

1997

A	140120	st	10,-
D	140120	st	10,-
F	140120	st	10,-
G	140120	st	10,-
J	140120	st	10,-

1998-2000 1 Pf-Kursmünzen

1998

A *140120* st 10,-
D *140120* st 10,-
F *140120* st 10,-
G *140120* st 10,-
J *140120* st 10,-

1999

A *140120* st 10,-
D *140120* st 10,-
F *140120* st 10,-
G *140120* st 10,-
J *140120* st 10,-

2000

A *140120* st 10,-
D *140120* st 10,-
F *140120* st 10,-
G *140120* st 10,-
J *140120* st 10,-

2001 1 Pf-Kursmünzen

2001

A	140 120	st	10,-
D	140 120	st	10,-
F	140 120	st	10,-
G	140 120	st	10,-
J	140 120	st	10,-

1950-1969 2 Pf-Kursmünzen

Die Gestaltung der 2 Pf-Nominale geht auf den Frankfurter Künstler Adolf Jäger zurück. Die Erstausgabe erfolgte am 23. Oktober 1950, in der Umschrift wurde jetzt die BUNDESREPUBLIK DEUTSCHLAND als Münzherr genannt. In ihrem Aussehen ist das 2 Pf-Stück der 1 Pf-Münze ähnlich; die 2 Pf-Münze ist lediglich etwas größer. Das 2 Pf Stück der Jahre 1950-1969 besteht fast aus reinem Kupfer und ist von daher unmagnetisch.

2 Deutsche Pfennig *1950-1969*

Erstausgabe: 23.10.1950
Gültig bis: 28.02.2002
Gewicht: 3,25 Gramm
Durchmesser: 19,25 mm
Material: Bronze (Kupfer 950, Zinn 40, Zink 10), unmagnetisch
Rand: glatt
Jaegernummer: 381

Prägestätten:
D = München
F = Stuttgart
G = Karlsruhe
J = Hamburg

1950-1959 2 Pf-Kursmünzen

1950

D 26,26 M	ss 2,-	vz 5,-	st 36,-
F 30,28 M	ss 2	vz 5,-	st 36,-
G 17,15 M	ss 6,-	vz 25,-	st 213,-
J 27,00 M	ss 2,50	vz 6,-	st 36,-

1958

D 19,44 M	ss 2,50	vz 6,-	st 23,-
F 30,00 M	ss 3,-	vz 6,-	st 23,-
G 15,25 M	ss 4,-	vz 10,-	st 42,50
J 21,25 M	ss 2,50	vz 6,-	st 23,-

1959

D 19,69 M	ss 2,50	vz 6,-	st 22,50
F 19,14 M	ss 2,50	vz 6,-	st 22,50
G 12,90 M	ss 3,50	vz 10,-	st 42,50
J 25,48 M	ss 3,-	vz 6,-	st 22,50

1960-1962 2 Pf-Kursmünzen

1960

D 21,98 M	ss 2,50	vz 7,50	st 22,50
F 15,91 M	ss 3,-	vz 7,50	st 22,50
G 5,66 M	ss 7,-	vz 12,50	st 36,-
J 17,80 M	ss 3,-	vz 7,50	st 22,50

1961

D 26,66 M	ss 3,-	vz 9,-	st 25,-
F 28,71 M	ss 2,50	vz 7,50	st 22,50
G 18,06 M	ss 3,-	vz 9,-	st 25,-
J 22,12 M	ss 2,50	vz 7,50	st 22,50

1962

D 21,30 M	ss 2,50	vz 8,-	st 22,50
F 41,32 M	ss 2,-	vz 6,-	st 20,-
G 17,30 M	ss 3,-	vz 9,-	st 22,50
J 30,70 M	ss 2,-	vz 6,-	st 20,-

1963-1965 2 Pf-Kursmünzen

1963

	ss	vz	st
D 7,65 M	7,-	12,-	36,-
F 23,86 M	2,-	5,-	20,-
G 35,84 M	2,-	5,-	17,50
J 42,88 M	2,-	5,-	17,50

1964

	ss	vz	st
D 20,34 M	2,-	7,50	18,-
F 28,30 M	2,-	6,-	15,-
G 18,43 M	3,-	8,-	18,-
J 13,37 M	3,-	8,-	18,-

1965

	ss	vz	st
D 48,54 M	2,-	5,-	13,-
F 45,48 M	2,-	5,-	13,-
G 13,58 M	3,-	8,-	18,-
J 33,40 M	2,-	5,-	13,-

1966-1968 2 Pf-Kursmünzen

1966

D 65,08 M | ss 2,- | vz 5,- | st 13,-
F 52,54 M | ss 2,- | vz 5,- | st 13,-
G 40,80 M | ss 2,- | vz 5,- | st 13,-
J 46,75 M | ss 2,- | vz 5,- | st 13,-

1967

D 26,00 M | ss 5,- | vz 10,- | st 23,-
F 30,00 M | ss 2,- | vz 5,- | st 13,-
G 6,28 M | ss 7,- | vz 12,- | st 26,-
J 26,72 M | ss 2,- | vz 5,- | st 13,-

1968

D 19,52 M | ss 2,50 | vz 8,- | st 18,-
G 15,38 M | ss 3,50 | vz 10,- | st 30,-

1969 2 Pf-Kursmünzen

1969
J	ss 3.500,- vz 4.000,- st LP

1968-2001 2 Pf-Kursmünzen

Mit der „Bekanntmachung über die Ausprägung von Bundesmünzen im Nennwert von 2 Deutschen Pfennig" wurde 1968 das Material zur Erstellung der 2 Pf-Münzen dem 1 Pf-Stück angepasst. Statt der hochprozentigen Kupferlegierung prägte man jetzt die Münzen auf einen kupferplattierten Eisenkern. Damit war auch die 2 Pf-Münze magnetisch und besser zu handhaben. Die Wert- und Bildseite blieben gleich.

2 Deutsche Pfennig *1968-2001*

Erstausgabe: 1968
Gültig bis: 28.02.2002
Gewicht: 2,9 Gramm
Durchmesser: 19,25 mm
Material: Eisen, kupferplattiert, magnetisch
Rand: glatt
Jaegernummer: 381 a

Prägestätten:
A = Berlin (seit 1991)
D = München
F = Stuttgart
G = Karlsruhe
J – Hamburg

1968-1970 2 Pf-Kursmünzen

1967 G 550   st LP

1968

D 19,52 M	ss 2,50	vz 8,-	st 17,50
F 22,60 M	ss 2,50	vz 8,-	st 17,50
G 13,00 M	ss 3,-	vz 10,-	st 20,-
J 20,02 M	ss 2,-	vz 8,-	st 17,50

1969

D 39,01 M	ss 1,-	vz 2,-	st 4,-
F 45,03 M	ss 1,-	vz 2,-	st 4,-
G 32,16 M	ss 1,50	vz 2,50	st 4,50
J 40,10 M	ss 1,-	vz 2,-	st 4,-

1970

D 45,52 M	ss 0,50	vz 1,-	st 3,-
F 73,86 M	ss 0,50	vz 1,-	st 3,-
G 30,33 M	ss 1,-	vz 2,-	st 4,-
J 46,73 M	ss 0,50	vz 1,-	st 3,-

1971-1973 2 Pf-Kursmünzen

1971

D 71,55 M	ss 0,50	vz 1,-	st 3,-
F 82,77 M	ss 0,50	vz 1,-	st 3,-
G 47,85 M	ss 1,-	vz 2,-	st 4,-
J 73,64 M	ss 0,50	vz 1,-	st 3,-

1972

D 52,40 M	ss 0,50	vz 1,-	st 3,-
F 60,28 M	ss 0,50	vz 1,-	st 3,-
G 34,86 M	ss 1,-	vz 2,-	st 4,-
J 53,67 M	ss 0,50	vz 1,-	st 3,-

1973

D 26,19 M	ss 0,50	vz 1,-	st 3,-
F 30,17 M	ss 0,50	vz 1,-	st 3,-
G 17,38 M	ss 1,-	vz 2,-	st 4,-
J 26,83 M	ss 0,50	vz 1,-	st 3,-

1974-1976 **2 Pf-Kursmünzen**

1974

D	58,67 M	ss	0,50	vz	1,-	st	3,-
F	67,63 M	ss	0,50	vz	1,-	st	3,-
G	38,00 M	ss	1,-	vz	2,-	st	4,-
J	60,19 M	ss	0,50	vz	1,-	st	3,-

1975

D	58,63 M	ss	0,50	vz	1,-	st	3,-
F	67,73 M	ss	0,50	vz	1,-	st	3,-
G	39,39 M	ss	1,-	vz	2,-	st	4,-
J	60,21 M	ss	0,50	vz	1,-	st	3,-

1976

D	78,07 M	ss	0,50	vz	1,-	st	3,-
F	90,17 M	ss	0,50	vz	1,-	st	3,-
G	51,99 M	ss	1,-	vz	2,-	st	4,-
J	80,14 M	ss	0,50	vz	1,-	st	3,-

1977-1979 2 Pf-Kursmünzen

1977

D 84,51 M   ss 0,50   vz 1,-   st 3,-
F 97,55 M   ss 0,50   vz 1,-   st 3,-
G 56,31 M   ss 1,-   vz 2,-   st 4,-
J 86,89 M   ss 0,50   vz 1,-   st 3,-

1978

D 84,64 M   ss 0,50   vz 1,-   st 3,-
F 97,68 M   ss 0,50   vz 1,-   st 3,-
G 56,37 M   ss 1,-   vz 2,-   st 4,-
J 86,03 M   ss 0,50   vz 1,-   st 3,-

1979

D 91,19 M   ss 0,50   vz 1,-   st 3,-
F 105,17 M   ss 0,50   vz 1,-   st 3,-
G 60,77 M   ss 1,-   vz 2,-   st 4,-
J 93,54 M   ss 0,50   vz 1,-   st 3,-

1980-1982 2 Pf-Kursmünzen

1980

	ss	vz	st
D 65,11 M	0,50	1,-	3,-
F 75,11 M	0,50	1,-	3,-
G 43,36 M	1,-	2,-	4,-
J 66,86 M	0,50	1,-	3,-

1981

	ss	vz	st
D 71,59 M	0,50	1,-	3,-
F 82,59 M	0,50	1,-	3,-
G 47,67 M	1,-	2,-	4,-
J 73,52 M	0,50	1,-	3,-

1982

	ss	vz	st
D 77,44 M	0,50	1,-	3,-
F 89,33 M	0,50	1,-	3,-
G 51,55 M	1,-	2,-	4,-
J 79,52 M	0,50	1,-	3,-

1983-1985 2 Pf-Kursmünzen

1983

D 71,58 M	ss	0,50	vz	1,-	st	3,-
F 82,58 M	ss	0,50	vz	1,-	st	3,-
G 47,65 M	ss	1,-	vz	2,-	st	4,-
J 73,50 M	ss	0,50	vz	1,-	st	3,-

1984

D 58,56 M	ss	0,50	vz	1,-	st	3,-
F 67,56 M	ss	0,50	vz	1,-	st	3,-
G 38,99 M	ss	1,-	vz	2,-	st	4,-
J 60,14 M	ss	0,50	vz	1,-	st	3,-

1985

D 19,65 M	ss	5,-	vz	7,50	st	10,-
F 22,55 M	ss	5,-	vz	7,50	st	10,-
G 13,03 M	ss	7,-	vz	9,-	st	12,50
J 20,08 M	ss	5,-	vz	7,50	st	10,-

1986-1988 2 Pf-Kursmünzen

1986

	ss	vz	st
D 39,04 M	0,50	1,-	3,-
F 45,04 M	0,50	1,-	3,-
G 25,99 M	1,-	2,-	4,-
J 40,09 M	0,50	1,-	3,-

1987

	ss	vz	st
D 6,54 M	6,-	10,-	12,50
F 7,54 M	6,-	10,-	12,50
G 4,37 M	6,-	10,-	12,50
J 6,69 M	7,50	12,50	15,-

1988

	ss	vz	st
D 52,04 M	-,-	1,-	2,-
F 60,04 M	-,-	1,-	2,-
G 34,64 M	-,-	2,-	4,-
J 53,44 M	-,-	1,-	2,-

1989-1991 2 Pf-Kursmünzen

1989

D 52,04 M   ss -,-   vz 1,-   st 2,-
F 60,04 M   ss -,-   vz 1,-   st 2,-
G 34,64 M   ss -,-   vz 2,-   st 4,-
J 53,44 M   ss -,-   vz 1,-   st 2,-

1990

D 71,54 M   ss -,-   vz 1,-   st 2,-
F 82,54 M   ss -,-   vz 1,-   st 2,-
G 47,62 M   ss -,-   vz 2,-   st 4,-
J 73,47 M   ss -,-   vz 1,-   st 2,-

1991

A 115,00 M   ss -,-   vz 1,-   st 2,-
D 120,75 M   ss -,-   vz 1,-   st 2,-
F 138,00 M   ss -,-   vz 1,-   st 2,-
G 80,50 M   ss -,-   vz 1,50   st 3,-
J 120,75 M   ss -,-   vz 1,-   st 2,-

1992-1994 2 Pf-Kursmünzen

1992

A 60,00 M	ss	-,-	vz	1,-	st	2,-
D 63,00 M	ss	-,-	vz	1,-	st	2,-
F 72,00 M	ss	-,-	vz	1,-	st	2,-
G 42,00 M	ss	-,-	vz	1,50	st	3,-
J 63,00 M	ss	-,-	vz	1,-	st	2,-

1993

A 10,00 M	ss	-,-	vz	6,-	st	8,-
D 1050 M	ss	-,-	vz	6,-	st	8,-
F 12,00 M	ss	-,-	vz	6,-	st	8,-
G 7,00 M	ss	-,-	vz	6,-	st	9,-
J 10,50 M	ss	-,-	vz	6,-	st	8,-

1994

A 55,00 M	ss	-,-	vz	1,-	st	2,-
D 57,75 M	ss	-,-	vz	1,-	st	2,-
F 66,00 M	ss	-,-	vz	1,-	st	2,-
G 38,50 M	ss	-,-	vz	1,-	st	3,-
J 57,75 M	ss	-,-	vz	1,-	st	2,-

1995-1997 2 Pf-Kursmünzen

2 Pf

1995

A 100,00 M	ss -,-	vz 1,50	st 2,-
D 105,00 M	ss -,-	vz 1,50	st 2,-
F 120,00 M	ss -,-	vz 1,50	st 2,-
G 70,00 M	ss -,-	vz 1,50	st 2,-
J 105,00 M	ss -,-	vz 1,50	st 2,-

1996

A 40,00 M	ss -,-	vz 1,50	st 2,-
D 42,00 M	ss -,-	vz 1,50	st 2,-
F 48,00 M	ss -,-	vz 1,50	st 2,-
G 28,00 M	ss -,-	vz 1,50	st 2,-
J 42,00 M	ss -,-	vz 1,50	st 2,-

Die Jahrgänge 1997-2001 wurden nur in Kursmünzensätzen ausgegeben.

1997

A 140 120	st 10,-
D 140 120	st 10,-
F 140 120	st 10,-
G 140 120	st 10,-
J 140 120	st 10,-

1998-2000 2 Pf-Kursmünzen

1998

- **A** *140 120* st 10,-
- **D** *140 120* st 10,-
- **F** *140 120* st 10,-
- **G** *140 120* st 10,-
- **J** *140 120* st 10,-

1999

- **A** *140 120* st 10,-
- **D** *140 120* st 10,-
- **F** *140 120* st 10,-
- **G** *140 120* st 10,-
- **J** *140 120* st 10,-

2000

- **A** *140 120* st 10,-
- **D** *140 120* st 10,-
- **F** *140 120* st 10,-
- **G** *140 120* st 10,-
- **J** *140 120* st 10,-

2001 2 Pf-Kursmünzen

2001

A *140 120*   st 10,-
D *140 120*   st 10,-
F *140 120*   st 10,-
G *140 120*   st 10,-
J *140 120*   st 10,-

1949 5 Pf-Kursmünzen

Der Frankfurter Künstler Adolf Jäger entwarf das 5 Pf-Stück, dessen erste Ausgabe vom 2.1.1950 mit der Jahreszahl 1949 geprägt worden war. Entsprechend trägt die Bildseite mit dem fünfblättrigen Eichenzweig die Umschrift BANK DEUTSCHER LÄNDER. Die Münze hat einen Eisenkern und ist tombakplattiert. Tombak ist eine Legierung von goldähnlicher Farbe und dem Messing verwandt.

5 Deutsche Pfennig *1949*
„Bank deutscher Länder"

Erstausgabe: 02.01.1950
Gültig bis: 28.02.2002
Gewicht: 3,0 Gramm
Durchmesser: 18,5 mm
Material: Eisen, tombakplattiert
Rand: glatt
Jaegernummer: 377

Prägestätten:
D = München
F = Stuttgart
G = Karlsruhe
J = Hamburg

1949 5 Pf-Kursmünzen

ureur*1949*

D 60,03 M ss 2,50 vz 28,- st 120,-
F 66,08 M ss 2,- vz 22,50 st 95,-
G 57,36 M ss 2,50 vz 36,- st 140,-
J 68,98 M ss 2,50 vz 31,- st 140,-

1950-2001 5 Pf-Kursmünzen

Ab 1950 bis 1966 tragen alle 5 Pf-Münzen die Jahreszahl 1950. Seit 1966 tragen die Münzen das entsprechende Prägejahr. Die Umschrift wurde gemäß der politischen Entwicklung in BUNDESREPUBLIK DEUTSCHLAND geändert.

5 Deutsche Pfennig *1950-2001*

Erstausgabe: 1950
Gültig bis: 28.02.2002
Gewicht: 3,0 Gramm
Durchmesser: 18,5 mm
Material: Eisen, tombakplattiert
Rand: Glatt
Jaegernummer: 382

Prägestätten:
A = Berlin (seit 1990)
D = München
F = Stuttgart
G = Karlsruhe
J = Hamburg

1950-1967 5 Pf-Kursmünzen

1950

D 271,96 M	ss 1,-	vz 5,-	st 20,-
F 342,28 M	ss 1,-	vz 5,-	st 20,-
G 180,49 M	ss 1,-	vz 5,-	st 20,-
J 285,28 M	ss 1,-	vz 5,-	st 20,-

1966

D 26,03 M	ss 2,-	vz 6,-	st 20,-
F 30,05 M	ss 2,-	vz 6,-	st 20,-
G 17,33 M	ss 3,-	vz 7,50	st 25,-
J 26,74 M	ss 2,-	vz 6,-	st 20,-

1967

D 10,42 M	ss 3,50	vz 7,50	st 23,-
F 12,01 M	ss 3,50	vz 7,50	st 23,-
G 1,73 M	ss 30,-	vz 60,-	st 125,-
J 10,71 M	ss 3,50	vz 7,50	st 23,-

1968-1970 5 Pf-Kursmünzen

1968

D 13,05 M	ss 3,-	vz 6,-	st 18,-
F 15,03 M	ss 3,-	vz 6,-	st 18,-
G 13,85 M	ss 3,-	vz 6,-	st 18,-
J 13,36 M	ss 3,-	vz 6,-	st 18,-

1969

D 23,49 M	ss 2,-	vz 3,-	st 9,-
F 27,05 M	ss 2,-	vz 3,-	st 9,-
G 15,63 M	ss 3,-	vz 4,50	st 11,-
J 24,13 M	ss 2,-	vz 3,-	st 9,-

1970

D 39,94 M	ss 1,-	vz 2,-	st 4,-
F 45,52 M	ss 1,-	vz 2,-	st 4,-
G 27,64 M	ss 2,-	vz 3,-	st 5,-
J 40,87 M	ss 1,-	vz 2,-	st 4,-

1971-1973 5 Pf-Kursmünzen

1971

D 57,34 M	ss 1,-	vz 2,-	st 4,-
F 66,43 M	ss 1,-	vz 2,-	st 4,-
G 38,28 M	ss 1,-	vz 2,-	st 4,-
J 58,56 M	ss 1,-	vz 2,-	st 4,-

1972

D 52,32 M	ss 1,-	vz 2,-	st 4,-
F 60,30 M	ss 1,-	vz 2,-	st 4,-
G 34,72 M	ss 1,-	vz 2,-	st 4,-
J 53,22 M	ss 1,-	vz 2,-	st 4,-

1973

D 15,60 M	ss 2,-	vz 3,-	st 5,-
F 18,05 M	ss 2,-	vz 3,-	st 5,-
G 10,39 M	ss 3,-	vz 5,-	st 7,-
J 16,05 M	ss 2,-	vz 3,-	st 5,-

1974-1976 5 Pf-Kursmünzen

1974

D 15,77 M	ss	2,-	vz	3,-	st	5,-
F 18,18 M	ss	2,-	vz	3,-	st	5,-
G 10,51 M	ss	3,-	vz	5,-	st	7,-
J 16,05 M	ss	2,-	vz	3,-	st	5,-

1975

D 15,71 M	ss	2,-	vz	3,-	st	5,-
F 18,05 M	ss	2,-	vz	3,-	st	5,-
G 10,74 M	ss	3,-	vz	5,-	st	7,-
J 16,20 M	ss	2,-	vz	3,-	st	5,-

1976

D 47,09 M	ss	-,-	vz	1,50	st	3,-
F 54,41 M	ss	-,-	vz	2,-	st	4,-
G 31,37 M	ss	-,-	vz	1,50	st	3,-
J 48,32 M	ss	-,-	vz	1,50	st	3,-

1977-1979 5 Pf-Kursmünzen

1977
D 52,16 M	ss	-,-	vz	1,50	st	3,-
F 60,17 M	ss	-,-	vz	2,-	st	4,-
G 34,74 M	ss	-,-	vz	1,50	st	3,-
J 53,53 M	ss	-,-	vz	1,50	st	3,-

1978
D 41,75 M	ss	-,-	vz	1,50	st	3,-
F 48,07 M	ss	-,-	vz	2,-	st	4,-
G 27,51 M	ss	-,-	vz	1,50	st	3,-
J 42,82 M	ss	-,-	vz	1,50	st	3,-

1979
D 41,78 M	ss	-,-	vz	1,50	st	3,-
F 48,22 M	ss	-,-	vz	2,-	st	4,-
G 27,84 M	ss	-,-	vz	1,50	st	3,-
J 42,81 M	ss	-,-	vz	1,50	st	3,-

1980-1982 **5 Pf-Kursmünzen**

1980

D 52,11 M | ss -,- | vz 1,50 | st 3,-
F 60,11 M | ss -,- | vz 2,- | st 4,-
G 34,71 M | ss -,- | vz 1,50 | st 3,-
J 53,49 M | ss -,- | vz 1,50 | st 3,-

1981

D 57,29 M | ss -,- | vz 1,50 | st 3,-
F 66,09 M | ss -,- | vz 2,- | st 4,-
G 38,15 M | ss -,- | vz 1,50 | st 3,-
J 58,83 M | ss -,- | vz 1,50 | st 3,-

1982

D 57,55 M | ss -,- | vz 1,50 | st 3,-
F 66,38 M | ss -,- | vz 2,- | st 4,-
G 38,32 M | ss -,- | vz 1,50 | st 3,-
J 59,09 M | ss -,- | vz 1,50 | st 3,-

1983-1985 5 Pf-Kursmünzen

1983

D 46,87 M	ss	-,-	vz	1,50	st	3,-
F 54,07 M	ss	-,-	vz	2,-	st	4,-
G 31,21 M	ss	-,-	vz	1,50	st	3,-
J 48,13 M	ss	-,-	vz	1,50	st	3,-

1984

D 36,46 M	ss	-,-	vz	1,50	st	3,-
F 42,06 M	ss	-,-	vz	2,-	st	4,-
G 24,28 M	ss	-,-	vz	1,50	st	3,-
J 37,44 M	ss	-,-	vz	1,50	st	3,-

1985

D 15,66 M	ss	-,-	vz	2,-	st	4,-
F 18,05 M	ss	-,-	vz	2,-	st	4,-
G 10,43 M	ss	-,-	vz	2,-	st	4,-
J 16,07 M	ss	-,-	vz	2,-	st	4,-

1986-1988 5 Pf-Kursmünzen

1986

D 36,44 M ss -,-   vz 1,50   st 3,-
F 42,04 M ss -,-   vz 1,50   st 3,-
G 24,26 M ss -,-   vz 2,-   st 4,-
J 37,42 M ss -,-   vz 1,50   st 3,-

1987

D 52,04 M ss -,-   vz 2,-   st 4,-
F 60,04 M ss -,-   vz 2,-   st 4,-
G 34,64 M ss -,-   vz 3,-   st 5,-
J 53,44 M ss -,-   vz 2,-   st 4,-

1988

D 62,44 M ss -,-   vz 1,-   st 2,-
F 72,04 M ss -,-   vz 1,-   st 2,-
G 41,56 M ss -,-   vz 1,-   st 2,-
J 64,12 M ss -,-   vz 1,-   st 2,-

1989-1991 5 Pf-Kursmünzen

1989

		ss		vz		st	
D	93,64 M	ss	-,-	vz	1,-	st	2,-
F	108,04 M	ss	-,-	vz	1,-	st	2,-
G	62,32 M	ss	-,-	vz	1,-	st	2,-
J	96,16 M	ss	-,-	vz	1,-	st	2,-

1990

		ss		vz		st	
A	70,00 M	ss	-,-	vz	1,-	st	2,-
D	93,64 M	ss	-,-	vz	1,-	st	2,-
F	108,04 M	ss	-,-	vz	1,-	st	2,-
G	62,32 M	ss	-,-	vz	1,-	st	2,-
J	96,16 M	ss	-,-	vz	1,-	st	2,-

1991

		ss		vz		st	
A	128,00 M	ss	-,-	vz	1,-	st	2,-
D	134,40 M	ss	-,-	vz	1,-	st	2,-
F	153,60 M	ss	-,-	vz	1,-	st	2,-
G	89,60 M	ss	-,-	vz	1,-	st	3,-
J	134,40 M	ss	-,-	vz	1,-	st	2,-

1992-1994 5 Pf-Kursmünzen

1992

A 28,00 M	ss -,-	vz 1,-	st 3,-
D 29,40 M	ss -,-	vz 1,-	st 3,-
F 33,60 M	ss -,-	vz 1,-	st 3,-
G 19,60 M	ss -,-	vz 1,-	st 4,-
J 29,40 M	ss -,-	vz 1,-	st 3,-

1993

A 36,00 M	ss -,-	vz 1,50	st 3,-
D 37,80 M	ss -,-	vz 1,50	st 3,-
F 43,20 M	ss -,-	vz 1,50	st 3,-
G 25,20 M	ss -,-	vz 1,50	st 3,-
J 37,80 M	ss -,-	vz 1,50	st 3,-

1994

A 38,00 M	ss -,-	vz 1,50	st 2,50
D 39,90 M	ss -,-	vz 1,50	st 2,50
F 45,60 M	ss -,-	vz 1,50	st 2,50
G 26,60 M	ss -,-	vz 1,50	st 3,-
J 39,90 M	ss -,-	vz 1,50	st 2,50

1995-1997 **5 Pf-Kursmünzen**

1995

A	48,00 M	ss	-,-	vz	1,50	st 2,50
D	50,40 M	ss	-,-	vz	1,50	st 2,50
F	57,60 M	ss	-,-	vz	1,50	st 2,50
G	33,60 M	ss	-,-	vz	1,50	st 2,50
J	50,40 M	ss	-,-	vz	1,50	st 2,50

1996

A	36,00 M	ss	-,-	vz	1,50	st 2,-
D	37,80 M	ss	-,-	vz	1,50	st 2,-
F	43,20 M	ss	-,-	vz	1,50	st 2,-
G	25,20 M	ss	-,-	vz	1,50	st 2,-
J	37,80 M	ss	-,-	vz	1,50	st 2,-

Die Jahrgänge 1997-2001 wurden nur in Kursmünzensätzen ausgegeben.

1997

A	140 120	st	7,50
D	140 120	st	7,50
F	140 120	st	7,50
G	140 120	st	7,50
J	140 120	st	7,50

1998-2000 5 Pf-Kursmünzen

1998

A 140120	st	7,50
D 140120	st	7,50
F 140120	st	7,50
G 140120	st	7,50
J 140120	st	7,50

1999

A 140120	st	7,50
D 140120	st	7,50
F 140120	st	7,50
G 140120	st	7,50
J 140120	st	7,50

2000

A 140120	st	7,50
D 140120	st	7,50
F 140120	st	7,50
G 140120	st	7,50
J 140120	st	7,50

2001 5 Pf-Kursmünzen

2001

A	140 120	st	7,50
D	140 120	st	7,50
F	140 120	st	7,50
G	140 120	st	7,50
J	140 120	st	7,50

1949 10 Pf-Kursmünzen

Der Frankfurter Künstler Adolf Jäger entwarf die 10 Pf-Kursmünze, die mit der Jahreszahl 1949 am 21. Mai 1950 in Umlauf kam. Wie die 5 Pf-Nominale zeigt auch diese Münze auf der Bildseite den fünfblättrigen Eichenzweig. Auch das 10 Pf-Stück hat einen Eisenkern mit Tombakplattierung. Sie trägt auf der Rückseite die Umschrift BANK DEUTSCHER LÄNDER.

10 Deutsche Pfennig *1949*
„Bank deutscher Länder"

Erstausgabe: 21.05.1950
Gültig bis: 28.02.2002
Gewicht: 4,0 Gramm
Durchmesser: 21,5 mm
Material: Eisen, tombakplattiert
Rand: glatt
Jaegernummer: 378

Prägestätten:
D = München
F = Stuttgart
G = Karlsruhe
J = Hamburg

1949 10 Pf-Kursmünzen

1949

D *140,56 M* ss 2,- vz 31,- st 120,-
F *120,93 M* ss 2,- vz 33,- st 105,-
G *82,93 M* ss 3,50 vz 37,50 st 150,-
J *154,10 M* ss 2,- vz 31,- st 120,-

1950-2001 10 Pf-Kursmünzen

Entsprechend den anderen Nominalen trug auch der „Groschen" ab dem Prägejahr 1950 die Umschrift BUNDESREPUBLIK DEUTSCHLAND. Ansonsten ist sie identisch mit der Kursmünze aus dem Jahr 1949.

10 Deutsche Pfennig *1950-2001*

Erstausgabe: 1950
Gültig bis: 28.02.2002
Gewicht: 4,0 Gramm
Durchmesser: 21,5 mm
Material: Eisen, tombakplattiert
Rand: glatt
Jaegernummer: 383

Prägestätten:
A = Berlin (seit 1990)
D = München
F = Stuttgart
G = Karlsruhe
J = Hamburg

1950-1967 **10 Pf-Kursmünzen**

1950

D	393,21 M	ss	2,-	vz	6,-	st 22,50
F	523,51 M	ss	2,-	vz	6,-	st 22,50
G	309,04 M	ss	2,-	vz	6,-	st 22,50
J	402,45 M	ss	2,-	vz	6,-	st 22,50

1966

D	31,22 M	ss	3,-	vz	9,-	st 31,-
F	36,10 M	ss	3,-	vz	9,-	st 31,-
G	25,34 M	ss	4,-	vz	14,-	st 36,-
J	32,12 M	ss	3,-	vz	9,-	st 31,-

1967

D	15,63 M	ss	4,-	vz	23,-	st 100,-
F	18,04 M	ss	3,-	vz	13,-	st 60,-
G	1,52 M	ss	32,50	vz	49,-	st 125,-
J	16,05 M	ss	3,50	vz	15,-	st 55,-

1968-1970 10 Pf-Kursmünzen

1968

D	5,21 M	ss	6,-	vz	15,-	st	45,-
F	6,01 M	ss	8,-	vz	15,-	st	75,-
G	12,38 M	ss	5,-	vz	15,-	st	45,-
J	5,42 M	ss	8,-	vz	15,-	st	75,-

1969

D	41,69 M	ss	2,-	vz	3,-	st	10,-
F	48,09 M	ss	2,-	vz	3,-	st	10,-
G	48,76 M	ss	2,-	vz	3,-	st	10,-
J	42,76 M	ss	2,-	vz	3,-	st	10,-

1970

D	54,08 M	ss	1,-	vz	2,-	st	5,-
F	60,09 M	ss	1,-	vz	2,-	st	5,-
G	35,90 M	ss	2,-	vz	3,-	st	5,-
J	40,11 M	ss	1,-	vz	2,-	st	5,-

10 Pf

1971-1973 **10 Pf-Kursmünzen**

1971

	ss	vz	st
D 54,02 M	1,-	2,-	5,-
F 92,54 M	1,-	2,-	5,-
G 88,61 M	2,-	3,-	5,-
J 65,62 M	1,-	2,-	5,-

1972

	ss	vz	st
D 104,34 M	1,-	2,-	5,-
F 110,18 M	1,-	2,-	5,-
G 71,76 M	2,-	3,-	5,-
J 96,99 M	1,-	2,-	5,-

1973

	ss	vz	st
D 26,05 M	2,-	3,-	6,-
F 30,07 M	2,-	3,-	6,-
G 17,29 M	3,-	5,-	8,-
J 40,11 M	2,-	3,-	6,-

1974-1976 **10 Pf-Kursmünzen**

1974

D 15,71 M   ss 2,-   vz 3,-   st 5,-
F 18,17 M   ss 2,-   vz 3,-   st 5,-
G 10,45 M   ss 3,-   vz 4,-   st 8,-
J 16,06 M   ss 2,-   vz 3,-   st 5,-

1975

D 15,70 M   ss 2,-   vz 3,-   st 5,-
F 18,09 M   ss 2,-   vz 3,-   st 5,-
G 10,45 M   ss 3,-   vz 4,-   st 7,-
J 16,15 M   ss 2,-   vz 3,-   st 5,-

1976

D 66,24 M   ss 1,-   vz 1,50   st 3,-
F 75,32 M   ss 1,-   vz 1,50   st 3,-
G 43,41 M   ss 2,-   vz 3,-   st 5,-
J 66,97 M   ss 1,-   vz 1,50   st 3,-

1977-1979 10 Pf-Kursmünzen

1977

D	65,04 M	ss	1,-	vz	1,50	st	3,-
F	75,10 M	ss	1,-	vz	1,50	st	3,-
G	43,33 M	ss	2,-	vz	3,-	st	5,-
J	66,85 M	ss	1,-	vz	1,50	st	3,-

1978

D	91,15 M	ss	1,-	vz	1,50	st	3,-
F	105,17 M	ss	1,-	vz	1,50	st	3,-
G	60,66 M	ss	2,-	vz	3,-	st	5,-
J	93,56 M	ss	1,-	vz	1,50	st	3,-

1979

D	104,13 M	ss	1,-	vz	1,50	st	3,-
F	120,08 M	ss	1,-	vz	1,50	st	3,-
G	69,34 M	ss	2,-	vz	3,-	st	5,-
J	106,90 M	ss	1,-	vz	1,50	st	3,-

1980-1982 10 Pf-Kursmünzen

1980

D 93,71 M	ss	1,-	vz	1,50	st	3,-
F 108,11 M	ss	1,-	vz	1,50	st	3,-
G 62,39 M	ss	2,-	vz	3,-	st	5,-
J 96,23 M	ss	1,-	vz	1,50	st	3,-

1981

D 104,09 M	ss	1,-	vz	1,50	st	3,-
F 120,09 M	ss	1,-	vz	1,50	st	3,-
G 69,29 M	ss	2,-	vz	3,-	st	5,-
J 106,89 M	ss	1,-	vz	1,50	st	3,-

1982

D 88,49 M	ss	1,-	vz	1,50	st	3,-
F 102,08 M	ss	1,-	vz	1,50	st	3,-
G 58,90 M	ss	2,-	vz	3,-	st	5,-
J 90,87 M	ss	1,-	vz	1,50	st	3,-

10 Pf

1983-1985 10 Pf-Kursmünzen

1983

D 33,87 M	ss	1,-	vz	1,50	st	3,-
F 39,07 M	ss	1,-	vz	1,50	st	3,-
G 22,56 M	ss	2,-	vz	3,-	st	5,-
J 34,78 M	ss	1,-	vz	1,50	st	3,-

1984

D 52,06 M	ss	1,-	vz	1,50	st	3,-
F 60,06 M	ss	1,-	vz	1,50	st	3,-
G 34,66 M	ss	2,-	vz	3,-	st	5,-
J 53,46 M	ss	1,-	vz	1,50	st	3,-

1985

D 78,06 M	ss	1,-	vz	1,50	st	3,-
F 90,05 M	ss	1,-	vz	1,50	st	3,-
G 51,95 M	ss	2,-	vz	3,-	st	5,-
J 80,15 M	ss	1,-	vz	1,50	st	3,-

1986-1988 10 Pf-Kursmünzen

1986

D 41,64 M	ss	1,-	vz	1,50	st	3,-
F 48,04 M	ss	1,-	vz	1,50	st	3,-
G 27,72 M	ss	2,-	vz	3,-	st	5,-
J 42,76 M	ss	1,-	vz	1,50	st	3,-

1987

D 58,54 M	ss	1,-	vz	1,50	st	3,-
F 67,54 M	ss	1,-	vz	1,50	st	3,-
G 38,97 M	ss	2,-	vz	3,-	st	5,-
J 60,12 M	ss	1,-	vz	1,50	st	3,-

1988

D 109,24 M	ss	1,-	vz	1,50	st	3,-
F 126,04 M	ss	1,-	vz	1,50	st	3,-
G 72,70 M	ss	2,-	vz	3,-	st	5,-
J 112,18 M	ss	1,-	vz	1,50	st	3,-

1989-1991 10 Pf-Kursmünzen

1989

D 119,64 M	ss 1,-	vz 1,50	st 3,-
F 138,04 M	ss 1,-	vz 1,50	st 3,-
G 72,70 M	ss 2,-	vz 3,-	st 5,-
J 122,86 M	ss 1,-	vz 1,50	st 3,-

1990

A 100,00 M	ss 1,-	vz 1,50	st 2,-
D 156,04 M	ss 1,-	vz 1,50	st 3,-
F 180,04 M	ss 1,-	vz 1,50	st 3,-
G 103,84 M	ss 2,-	vz 3,-	st 5,-
J 160,24 M	ss 1,-	vz 1,50	st 3,-

1991

A 170,00 M	ss -,-	vz 1,-	st 2,-
D 178,50 M	ss -,-	vz 1,-	st 2,-
F 204,00 M	ss -,-	vz 1,-	st 2,-
G 119,00 M	ss -,-	vz 1,-	st 2,-
J 178,50 M	ss -,-	vz 1,-	st 2,-

1992-1994 10 Pf-Kursmünzen

1992

A 80,00 M	ss	-,-	vz	1,-	st	2,-
D 84,00 M	ss	-,-	vz	1,-	st	2,-
F 96,00 M	ss	-,-	vz	1,-	st	2,-
G 56,00 M	ss	-,-	vz	1,-	st	2,-
J 84,00 M	ss	-,-	vz	1,-	st	2,-

1993

A 80,00 M	ss	-,-	vz	1,-	st	2,-
D 84,00 M	ss	-,-	vz	1,-	st	2,-
F 96,00 M	ss	-,-	vz	1,-	st	2,-
G 56,00 M	ss	-,-	vz	1,-	st	2,-
J 84,00 M	ss	-,-	vz	1,-	st	2,-

1994

A 100,00 M	ss	-,-	vz	1,-	st	2,-
D 105,00 M	ss	-,-	vz	1,-	st	2,-
F 120,00 M	ss	-,-	vz	1,-	st	2,-
G 70,00 M	ss	-,-	vz	1,-	st	2,-
J 105,00 M	ss	-,-	vz	1,-	st	2,-

10 Pf

1995-1997 10 Pf-Kursmünzen

1995

A 110,00 M	ss	-,-	vz	1,50	st	2,-
D 115,50 M	ss	-,-	vz	1,50	st	2,-
F 132,00 M	ss	-,-	vz	1,50	st	2,-
G 77,00 M	ss	-,-	vz	1,50	st	2,-
J 115,50 M	ss	-,-	vz	1,50	st	2,-

1996

A 80,00 M	ss	-,-	vz	1,50	st	2,-
D 84,00 M	ss	-,-	vz	1,50	st	2,-
F 96,00 M	ss	-,-	vz	1,50	st	2,-
G 56,00 M	ss	-,-	vz	1,50-	st	2,-
J 84,00 M	ss	-,-	vz	1,50	st	2,-

Die Jahrgänge 1997-2001 wurden nur in Kursmünzensätzen ausgegeben.

1997

A 140 120	st	7,50
D 140 120	st	7,50
F 140 120	st	7,50
G 140 120	st	7,50
J 140 120	st	7,50

1998-2000 10 Pf-Kursmünzen

1998

A *140 120*   st   7,50
D *140 120*   st   7,50
F *140 120*   st   7,50
G *140 120*   st   7,50
J *140 120*   st   7,50

1999

A *140 120*   st   7,50
D *140 120*   st   7,50
F *140 120*   st   7,50
G *140 120*   st   7,50
J *140 120*   st   7,50

2000

A *140 120*   st   7,50
D *140 120*   st   7,50
F *140 120*   st   7,50
G *140 120*   st   7,50
J *140 120*   st   7,50

10 Pf

2001 10 Pf-Kursmünzen

2001

A	140 120	st	7,50
D	140 120	st	7,50
F	140 120	st	7,50
G	140 120	st	7,50
J	140 120	st	7,50

1950-2001 50 Pf-Kursmünzen

Richard Martin Werner gestaltete diese Münze. Auf der Wertseite zeigt sie das Nominal, das Münzzeichen und die Umschrift BANK DEUTSCHER LÄNDER. Die Bildseite gibt eine kniende Frau mit Eichenzweig wieder. Auf Grund der Gesetzeslage musste die Jahreszahl 1949 auf den 50 Pfennig-Stücken erscheinen. In der Münzstätte Karlsruhe (G) wurden irrtümlich 30.000 Exemplare mit der Jahreszahl 1950 geprägt. Bei Sammlern sind diese Münzen sehr begehrt!

50 Deutsche Pfennig *1949-1950*
„Bank deutscher Länder"

Erstausgabe: 14.02.1949
Gültig bis: 28.02.2002
Gewicht: 3,5 Gramm
Durchmesser: 20,0 mm
Material: Kupfer/ Nickel
Rand: 126 Kerben
Jaegernummer: 379

Prägestätten:
D = München
F = Stuttgart
G = Karlsruhe
J = Hamburg

1949-1950 50 Pf-Kursmünzen

1949

D	39,11 M	ss	2,-	vz	25,-	st	120,-
F	45,12 M	ss	2,-	vz	25,-	st	120,-
G	25,92 M	ss	3,-	vz	35,-	st	160,-
J	42,32 M	ss	2,-	vz	25,-	st	130,-

1950

G 0,03 M ss 675,- vz 900,- st 1.590,-

1950-1971 50 Pf-Kursmünzen

Die Münze besteht aus einer Kupfer-Nickel Legierung und hat in den Ausgaben von 1949-1971 einen gekerbten Rand (126 Kerben). Ab 1950 trägt die Wertseite die Umschrift BUNDESREPUBLIK DEUTSCHLAND. Ansonsten ist das Aussehen des Geldstück gleich geblieben. Erst 1971 wurde wieder eine Veränderung vorgenommen.

50 Deutsche Pfennig *1949-1971*
„Bundesrepublik Deutschland"

Erstausgabe: 1950
Gültig bis: 28.02.2002
Gewicht: 3,5 Gramm
Durchmesser: 20,0 mm
Material: Kupfer-Nickel
Rand: 126 Kerben
Jaegernummer: 384

Prägestätten:
D = München
F = Stuttgart
G = Karlsruhe
J = Hamburg

1949-1966 50 Pf-Kursmünzen

1949

Durch eine falsche Stempelkopplung wurden falsche Jahreszahlen „1949" geprägt. Es entstanden in Hamburg (J) 7 Exemplare in der Qualität: Polierte Platte. - Extrem Wertvoll!

1950

	ss	vz	st
D 100,73 M	2,-	8,-	20,-
F 115,59 M	2,-	8,-	20,-
G 66,42 M	2,-	8,-	20,-
J 102,73 M	2,-	8,-	20,-

1966

	ss	vz	st
D 8,33 M	3,50	10,-	42,50
F 9,60 M	5,-	35,-	105,-
G 5,54 M	5,-	17,50	45,-
J 8,57 M	5,-	38,-	155,-

1956-1958 50 Pf-Kursmünzen

1967

D 5,21 M	ss 3,-	vz 12,50	st 38,-
F 6,01 M	ss 3,-	vz 12,50	st 38,-
G 1,84 M	ss 15,-	vz 30,-	st 85,-
J 10,68 M	ss 4,-	vz 25,-	st 75,-

1968

D 7,80 M	ss 3,-	vz 12,-	st 38,-
F 9,01 M	ss 3,-	vz 12,-	st 38,-
G 6,82 M	ss 4,-	vz 15,-	st 48,-
J 2,67 M	ss 7,50	vz 30,-	st 85,-

1969

D 14,56 M	ss 2,-	vz 4,-	st 12,50
F 16,81 M	ss 2,-	vz 4,-	st 12,50
G 9,70 M	ss 3,-	vz 5,-	st 15,-
J 14,97 M	ss 2,-	vz 4,-	st 12,50

50 Pf

1970-1971 50 Pf-Kursmünzen

1970

D	25,29 M	ss	2,-	vz	4,-	st	10,-
F	26,46 M	ss	2,-	vz	4,-	st	10,-
G	11,95 M	ss	3,-	vz	4,50	st	13,-
J	10,68 M	ss	2,-	vz	4,-	st	10,-

1971

D	23,39 M	ss	2,-	vz	4,-	st	9,-
F	29,75 M	ss	2,-	vz	4,-	st	9,-
G	15,56 M	ss	3,-	vz	4,-	st	13,-
J	24,04 M	ss	2,-	vz	4,-	st	9,-

1972-2001 50 Pf-Kursmünzen

Ab dem 30.09.1972 wurde die 50 Pf-Münze mit glattem Rand geprägt. Ansonsten wurde an der Gestaltung nichts geändert. Nach der Wiedervereinigung der BRD mit der DDR am 3. Oktober 1990 wird Berlin (A) als Münzprägestätte für bundesdeutsche Münzen wieder genutzt. Die Jahrgänge 1997-2001 wurden nur im Rahmen der offiziellen Kursmünzensätze ausgegeben.

50 Deutsche Pfennig *1972-2001*

Erstausgabe: 30.09.1972
Gültig bis: 28.02.2002
Gewicht: 3,5 Gramm
Durchmesser: 20,0 mm
Material: Kupfer Nickel
Rand: glatt
Jaegernummer: 384 a

Prägestätten:
A = Berlin (seit 1990)
D = München
F = Stuttgart
G = Karlsruhe
J = Hamburg

1972-1974 50 Pf-Kursmünzen

1972

D 26,01 M	ss	2,-	vz	4,-	st	9,-
F 30,05 M	ss	2,-	vz	4,-	st	9,-
G 17,34 M	ss	3,-	vz	4,50	st	13,-
J 26,70 M	ss	2,-	vz	4,-	st	9,-

1973

D 7,81 M	ss	3,-	vz	5,-	st	10,-
F 9,00 M	ss	3,-	vz	5,-	st	10,-
G 5,20 M	ss	4,-	vz	5,-	st	12,-
J 8,01 M	ss	3,-	vz	5,-	st	10,-

1974

D 18,26 M	ss	3,-	vz	4,-	st	6,-
F 21,07 M	ss	3,-	vz	4,-	st	6,-
G 12,16 M	ss	4,-	vz	5,-	st	7,-
J 18,75 M	ss	3,-	vz	4,-	st	6,-

50 Pf

1975-1977 **50 Pf-Kursmünzen**

1975

D 13,10 M	ss 3,-	vz 4,-	st 6,-
F 15,05 M	ss 3,-	vz 4,-	st 6,-
G 8,72 M	ss 4,-	vz 5,-	st 7,-
J 13,42 M	ss 3,-	vz 4,-	st 6,-

1976

D 10,45 M	ss 3,-	vz 4,-	st 6,-
F 12,09 M	ss 3,-	vz 4,-	st 6,-
G 9,67 M	ss 4,-	vz 5,-	st 7,-
J 10,76 M	ss 3,-	vz 4,-	st 6,-

1977

D 10,49 M	ss 3,-	vz 4,-	st 6,-
F 12,08 M	ss 3,-	vz 4,-	st 6,-
G 6,99 M	ss 4,-	vz 5,-	st 7,-
J 10,76 M	ss 3,-	vz 4,-	st 6,-

50 Pf

1978-1980 50 Pf-Kursmünzen

1978

D 20,00 M	ss	3,-	vz	4,-	st	6,-
F 20,00 M	ss	3,-	vz	4,-	st	6,-
G 20,00 M	ss	4,-	vz	5,-	st	7,-
J 20,00 M	ss	3,-	vz	4,-	st	6,-

1979

D 20,00 M	ss	3,-	vz	4,-	st	6,-
F 20,00 M	ss	3,-	vz	4,-	st	6,-
G 20,00 M	ss	4,-	vz	5,-	st	7,-
J 20,00 M	ss	3,-	vz	4,-	st	6,-

1980

D 20,00 M	ss	3,-	vz	4,-	st	6,-
F 20,00 M	ss	3,-	vz	4,-	st	6,-
G 20,00 M	ss	4,-	vz	5,-	st	7,-
J 20,00 M	ss	3,-	vz	4,-	st	6,-

1981-1983 50 Pf-Kursmünzen

1981

D	20,00 M	ss	3,-	vz	4,-	st	6,-
F	20,00 M	ss	3,-	vz	4,-	st	6,-
G	20,00 M	ss	4,-	vz	5,-	st	7,-
J	20,00 M	ss	3,-	vz	4,-	st	6,-

1982

D	20,00 M	ss	3,-	vz	4,-	st	6,-
F	20,00 M	ss	3,-	vz	4,-	st	6,-
G	20,00 M	ss	4,-	vz	5,-	st	7,-
J	20,00 M	ss	3,-	vz	4,-	st	6,-

1983

D	20,00 M	ss	3,-	vz	4,-	st	6,-
F	20,00 M	ss	3,-	vz	4,-	st	6,-
G	20,00 M	ss	4,-	vz	5,-	st	7,-
J	20,00 M	ss	3,-	vz	4,-	st	6,-

50 Pf

1984-1986 50 Pf-Kursmünzen

1984

D 11,76 M	ss 3,-	vz 4,-	st 6,-
F 13,56 M	ss 3,-	vz 4,-	st 6,-
G 7,85 M	ss 4,-	vz 5,-	st 7,-
J 12,08 M	ss 3,-	vz 4,-	st 6,-

1985

D 15,71 M	ss 3,-	vz 4,-	st 6,-
F 18,11 M	ss 3,-	vz 4,-	st 6,-
G 10,47 M	ss 4,-	vz 5,-	st 7,-
J 16,13 M	ss 3,-	vz 4,-	st 6,-

1986

D 2,12 M	ss 5,-	vz 9,-	st 22,50
F 2,44 M	ss 5,-	vz 9,-	st 22,50
G 1,43 M	ss 6,-	vz 10,-	st 25,-
J 2,18 M	ss 6,-	vz 14,-	st 105,-

1987-1989 50 Pf-Kursmünzen

1987

D	0,56 M	ss	27,-	vz	35,-	st	70,-
F	0,64 M	ss	10,-	vz	15,-	st	20,-
G	0,39 M	ss	27,-	vz	30,-	st	38,-
J	0,58 M	ss	12,-	vz	16,-	st	22,-

1988

D	4,20 M	ss	3,-	vz	4,-	st	7,50
F	4,84 M	ss	3,-	vz	4,-	st	7,50
G	2,81 M	ss	6,-	vz	10,-	st	14,-
J	4,32 M	ss	3,-	vz	5,-	st	10,-

1989

D	36,45 M	ss	-,-	vz	1,50	st	3,-
F	42,05 M	ss	-,-	vz	1,50	st	3,-
G	24,27 M	ss	-,-	vz	2,-	st	4,-
J	37,43 M	ss	-,-	vz	1,50	st	3,-

1990-1992 50 Pf-Kursmünzen

1990

A 150,00 M	ss -,-	vz 1,50	st 3,-
D 58,55 M	ss -,-	vz 1,50	st 3,-
F 67,05 M	ss -,-	vz 1,50	st 3,-
G 38,91 M	ss -,-	vz 1,50	st 3,-
J 60,12 M	ss -,-	vz 1,50	st 3,-

1991

A 22,00 M	ss -,-	vz 1,50	st 3,-
D 23,10 M	ss -,-	vz 1,50	st 3,-
F 26,40 M	ss -,-	vz 1,50	st 3,-
G 15,40 M	ss -,-	vz 2,-	st 4,-
J 23,10 M	ss -,-	vz 1,50	st 3,-

1992

A 18,00 M	ss -,-	vz 1,50	st 3,-
D 18,90 M	ss -,-	vz 1,50	st 3,-
F 21,60 M	ss -,-	vz 1,50	st 3,-
G 12,60 M	ss -,-	vz 2,-	st 4,-
J 18,90 M	ss -,-	vz 1,50	st 3,-

50 Pf

1993-1995 50 Pf-Kursmünzen

1993

A 16,00 M	ss -,-	vz 2,50	st 4,-
D 16,80 M	ss -,-	vz 2,50	st 4,-
F 19,20 M	ss -,-	vz 2,50	st 4,-
G 11,20 M	ss -,-	vz 3,-	st 5,-
J 16,80 M	ss -,-	vz 2,50	st 4,-

1994

A 7,50 M	ss -,-	vz 2,50	st 4,-
D 0,30 M	ss -,-	vz 2,50	st 6,-
F 9,00 M	ss -,-	vz 2,50	st 4,-
G 5,25 M	ss -,-	vz 2,50	st 4,-
J 7,88 M	ss -,-	vz 2,50	st 4,-

1995

A 1,30 M	ss -,-	vz 4,-	st 7,50
D 1,36 M	ss -,-	vz 4,-	st 7,50
F 0,02 M	ss -,-	vz ,	st 190,-
G 0,02 M	ss -,-	vz -,-	st 190,-
J 0,15 M	ss -,-	vz -,-	st 30,-

1996-1998 50 Pf-Kursmünzen

1996

A 0,15 M	ss	-,-	vz	14,-	st 17,50
D 0,16 M	ss	-,-	vz	14,-	st 17,50
F 0,18 M	ss	-,-	vz	14,-	st 17,50
G 0,11 M	ss	-,-	vz	14,-	st 17,50
J 0,16 M	ss	-,-	vz	14,-	st 17,50

Die Jahrgänge 1997-2001 wurden nur in Kursmünzensätzen ausgegeben.

1997

A 140 120	st	10,-
D 140 120	st	10,-
F 140 120	st	10,-
G 140 120	st	10,-
J 140 120	st	10,-

1998

A 140 120	st	10,-
D 140 120	st	10,-
F 140 120	st	10,-
G 140 120	st	10,-
J 140 120	st	10,-

1999-2001 50 Pf-Kursmünzen

1999

A 140120	st	10,-	
D 140120	st	10,-	
F 140120	st	10,-	
G 140120	st	10,-	
J 140120	st	10,-	

2000

A 140120	st	10,-	
D 140120	st	10,-	
F 140120	st	10,-	
G 140120	st	10,-	
J 140120	st	10,-	

2001

A 140120	st	10,-	
D 140120	st	10,-	
F 140120	st	10,-	
G 140120	st	10,-	
J 140120	st	10,-	

50 Pf

1950-2001 1 DM-Kursmünzen

Die Wertseite, der von Josef Bernhart, München, entworfenen 1 DM-Münze zeigt das Nominal, die Jahreszahl und rechts und links zwei Eichenblätter mit Eichel. In der Gestaltung hat der Künstler bewusst Elemente der Reichsmark aus dem Jahre 1912 übernommen. Die Bildseite zeigt den Bundesadler, das Münzzeichen und die Umschrift BUNDESREPUBLIK DEUTSCHLAND. Die Jahrgänge 1997-2001 wurden ausschließlich in Kursmünzensätzen ausgegeben.

1 Deutsche Mark *1950-2001*

Erstausgabe: 18.12.1950
Gültig bis: 28.02.2002
Gewicht: 5,5 Gramm
Durchmesser: 23,5 mm
Material: Kupfer-Nickel
Rand: Arabesken
Jaegernummer: 385

Prägestätten:
A = Berlin (seit 1991)
D = München
F = Stuttgart
G = Karlsruhe
J = Hamburg

1950-1955 1 DM-Kursmünzen

1950

D	60,47 M	ss	2,-	vz	20,-	st	110,-
F	69,18 M	ss	2,-	vz	20,-	st	110,-
G	39,82 M	ss	2,50	vz	25,-	st	130,-
J	61,48 M	ss	2,-	vz	20,-	st	110,-

1954

D	5,20 M	ss	5,-	vz	125,-	st	750,-
F	6,00 M	ss	5,-	vz	138,-	st	920,-
G	3,46 M	ss	17,50	vz	210,-	st	1.750,-
J	5,34 M	ss	5,-	vz	125,-	st	900,-

1955

D	3,10 M	ss	9,-	vz	135,-	st	700,-
F	6,30 M	ss	5,-	vz	175,-	st	750,-
G	2,50 M	ss	20,-	vz	190,-	st	2.100,-
J	3,00 M	ss	6,-	vz	135,-	st	900,-

1956-1958 1 DM-Kursmünzen

1956

D 13,23 M	ss 5,-	vz 90,-	st 400,-
F 14,70 M	ss 5,-	vz 100,-	st 600,-
G 8,63 M	ss 5,-	vz 65,-	st 260,-
J 11,48 M	ss 5,-	vz 83,-	st 500,-

1957

D 6,82 M	ss 5,-	vz 112,-	st 425,-
F 6,39 M	ss 5,-	vz 123,-	st 600,-
G 3,84 M	ss 7,50	vz 199,-	st 1.050,-
J 6,63 M	ss 5,-	vz 133,-	st 750,-

1958

D 4,15 M	ss 5,-	vz 115,-	st 425,-
F 4,11 M	ss 5,-	vz 118,-	st 620,-
G 3,46 M	ss 6,-	vz 128,-	st 1.440,-
J 4,66 M	ss 5,-	vz 115,-	st 770,-

1959-1961 1 DM-Kursmünzen

1959

D 10,41 M	ss 5,-	vz 75,-	st 325,-
F 12,00 M	ss 5,-	vz 75,-	st 350,-
G 6,92 M	ss 5,-	vz 100,-	st 490,-
J 10,69 M	ss 5,-	vz 75,-	st 490,-

1960

D 5,45 M	ss 5,-	vz 56,-	st 275,-
F 6,30 M	ss 5,-	vz 56,-	st 275,-
G 3,63 M	ss 5,-	vz 87,-	st 800,-
J 5,61 M	ss 5,-	vz 56,-	st 325,-

1961

D 7,53 M	ss 4,-	vz 54,-	st 300,-
F 8,41 M	ss 4,-	vz 54,-	st 300,-
G 4,84 M	ss 5,-	vz 54,-	st 460,-
J 7,48 M	ss 4,-	vz 54,-	st 450,-

1962-1964 1 DM-Kursmünzen

1962

D 10,33 M	ss	4,-	vz	54,-	st 275,-
F 10,51 M	ss	4,-	vz	54,-	st 275,-
G 6,05 M	ss	4,-	vz	70,-	st 400,-
J 10,82 M	ss	4,-	vz	54,-	st 335,-

1963

D 12,62 M	ss	4,-	vz	66,-	st 185,-
F 19,62 M	ss	4,-	vz	66,-	st 185,-
G 11,25 M	ss	4,-	vz	66,-	st 185,-
J 15,90 M	ss	4,-	vz	66,-	st 200,-

1964

D 8,05 M	ss	4,-	vz	66,-	st 250,-
F 6,01 M	ss	10,-	vz	70,-	st 225,-
G 3,46 M	ss	10,-	vz	92,-	st 350,-
J 6,96 M	ss	4,-	vz	77,-	st 235,-

1 DM

1965-1967 1 DM-Kursmünzen

1965

D 9,39 M	ss	3,-	vz	23,-	st	85,-
F 10,90 M	ss	3,-	vz	23,-	st	85,-
G 6,23 M	ss	4,-	vz	28,-	st	100,-
J 8,02 M	ss	4,-	vz	28,-	st	90,-

1966

D 11,72 M	ss	3,-	vz	20,-	st	75,-
F 13,52 M	ss	3,-	vz	20,-	st	75,-
G 7,80 M	ss	4,-	vz	25,-	st	85,-
J 12,03 M	ss	3,-	vz	20,-	st	75,-

1967

D 13,02 M	ss	3,-	vz	31,-	st	80,-
F 3,66 M	ss	7,-	vz	35,-	st	150,-
G 4,32 M	ss	7,-	vz	35,-	st	150,-
J 13,36 M	ss	3,-	vz	21,-	st	80,-

1968-1970 1 DM-Kursmünzen

1968

D 1,30 M	ss	6,-	vz	38,-	st	195,-
F 12,86 M	ss	3,50	vz	28,-	st	92,-
G 5,20 M	ss	3,50	vz	28,-	st	97,-
J 1,34 M	ss	22,50	vz	90,-	st	325,-

1969

D 13,02 M	ss	3,-	vz	10,-	st	30,-
F 15,02 M	ss	3,-	vz	10,-	st	30,-
G 8,66 M	ss	4,-	vz	12,-	st	30,-
J 13,37 M	ss	3,-	vz	10,-	st	30,-

1970

D 17,93 M	ss	3,-	vz	8,-	st	20,-
F 19,51 M	ss	3,-	vz	8,-	st	20,-
G 20,37 M	ss	4,-	vz	9,-	st	20,-
J 10,70 M	ss	3,-	vz	8,-	st	20,-

1971-1973 1 DM-Kursmünzen

1971

D 24,51 M	ss 3,-	vz 8,-	st 20,-
F 28,28 M	ss 3,-	vz 8,-	st 20,-
G 16,37 M	ss 4,-	vz 9,-	st 20,-
J 25,21 M	ss 3,-	vz 8,-	st 20,-

1972

D 20,90 M	ss 3,-	vz 8,-	st 20,-
F 24,09 M	ss 3,-	vz 8,-	st 20,-
G 13,87 M	ss 4,-	vz 9,-	st 20,-
J 21,36 M	ss 3,-	vz 8,-	st 20,-

1973

D 14,33 M	ss 3,-	vz 8,-	st 20,-
F 16,60 M	ss 3,-	vz 8,-	st 20,-
G 10,41 M	ss 4,-	vz 9,-	st 20,-
J 14,70 M	ss 3,-	vz 8,-	st 20,-

1974-1976 1 DM-Kursmünzen

1974

D 20,88 M	ss	2,-	vz	4,-	st	11,-
F 24,09 M	ss	2,-	vz	4,-	st	11,-
G 13,93 M	ss	3,-	vz	5,-	st	11,-
J 21,11 M	ss	2,	vz	4,	st	11,-

1975

D 18,29 M	ss	2,-	vz	4,-	st	10,-
F 21,10 M	ss	2,-	vz	4,-	st	10,-
G 12,18 M	ss	3,-	vz	5,-	st	10,-
J 18,81 M	ss	2,-	vz	4,-	st	10,-

1976

D 15,71 M	ss	2,-	vz	4,-	st	10,-
F 18,15 M	ss	2,-	vz	4,-	st	10,-
G 10,43 M	ss	3,-	vz	5,-	st	10,-
J 16,07 M	ss	2,-	vz	4,-	st	10,-

1977-1979 1 DM-Kursmünzen

1977

D	20,85 M	ss	2,-	vz	4,-	st 10,-
F	24,08 M	ss	2,-	vz	4,-	st 10,-
G	13,90 M	ss	3,-	vz	5,-	st 10,-
J	21,47 M	ss	2,-	vz	4,-	st 10,-

1978

D	15,68 M	ss	2,-	vz	4,-	st 10,-
F	18,08 M	ss	2,-	vz	4,-	st 10,-
G	10,45 M	ss	3,-	vz	5,-	st 10,-
J	16,08 M	ss	2,-	vz	4,-	st 10,-

1 DM

1979

D	18,30 M	ss	2,-	vz	4,-	st 10,-
F	21,11 M	ss	2,-	vz	4,-	st 10,-
G	12,22 M	ss	3,-	vz	5,-	st 10,-
J	18,78 M	ss	2,-	vz	4,-	st 10,-

1980-1982 1 DM-Kursmünzen

1980

D 15,71 M ss 2,- vz 4,- st 10,-
F 18,11 M ss 2,- vz 4,- st 10,-
G 10,49 M ss 3,- vz 5,- st 10,-
J 16,12 M ss 2,- vz 4,- st 10,-

1981

D 18,29 M ss 2,- vz 4,- st 10,-
F 21,09 M ss 2,- vz 4,- st 9,-
G 12,20 M ss 3,- vz 5,- st 10,-
J 18,78 M ss 2,- vz 4,- st 10,-

1982

D 22,32 M ss 2,- vz 4,- st 10,-
F 25,73 M ss 2,- vz 4,- st 10,-
G 14,88 M ss 3,- vz 5,- st 10,-
J 22,91 M ss 2,- vz 4,- st 10,-

1983-1985 1 DM-Kursmünzen

1983

D	18,27 M	ss	2,-	vz	4,-	st 10,-
F	21,07 M	ss	2,-	vz	4,-	st 10,-
G	12,18 M	ss	3,-	vz	5,-	st 10,-
J	18,76 M	ss	2,-	vz	4,-	st 10,-

1984

D	8,51 M	ss	2,-	vz	4,-	st 10,-
F	9,81 M	ss	2,-	vz	4,-	st 10,-
G	5,69 M	ss	3,-	vz	5,-	st 10,-
J	8,74 M	ss	2,-	vz	4,-	st 10,-

1985

D	11,76 M	ss	2,-	vz	4,-	st 10,-
F	13,55 M	ss	2,-	vz	4,-	st 10,-
G	7,84 M	ss	3,-	vz	5,-	st 10,-
J	12,07 M	ss	2,-	vz	4,-	st 10,-

1986-1988 1 DM-Kursmünzen

1986

D 10,44 M	ss	3,50	vz	5,-	st	20,-
F 12,04 M	ss	3,50	vz	5,-	st	20,-
G 6,96 M	ss	4,-	vz	6,-	st	20,-
J 10,72 M	ss	3,50	vz	5,-	st	20,-

1987

D 3,16 M	ss	7,50	vz	10,-	st	22,50
F 3,64 M	ss	7,50	vz	10,-	st	22,50
G 2,12 M	ss	9,-	vz	12,50	st	25,-
J 3,25 M	ss	7,50	vz	10,-	st	22,50

1988

D 20,84 M	ss	-,-	vz	3,-	st	5,-
F 24,04 M	ss	-,-	vz	3,-	st	5,-
G 13,88 M	ss	-,-	vz	4,-	st	6,-
J 21,40 M	ss	-,-	vz	3,-	st	5,-

1989-1991 1 DM-Kursmünzen

1989

D 39,04 M	ss -,-	vz 3,-	st 5,-
F 45,04 M	ss -,-	vz 3,-	st 5,-
G 25,99 M	ss -,-	vz 4,-	st 6,-
J 40,09 M	ss -,-	vz 3,-	st 5,-

1990

A 55,00 M	ss -,-	vz 3,-	st 5,-
D 77,78 M	ss -,-	vz 3,-	st 5,-
F 89,79 M	ss -,-	vz 3,-	st 5,-
G 51,77 M	ss -,-	vz 3,-	st 5,-
J 79,88 M	ss -,-	vz 3,-	st 5,-

1991

A 30,00 M	ss -,-	vz 3,-	st 5,-
D 31,50 M	ss -,-	vz 3,-	st 5,-
F 36,00 M	ss -,-	vz 3,-	st 5,-
G 21,00 M	ss -,-	vz 3,-	st 5,-
J 31,50 M	ss -,-	vz 3,-	st 5,-

1992-1994 1 DM-Kursmünzen

1992

A 30,00 M	ss	-,-	vz	3,-	st	5,-
D 31,50 M	ss	-,-	vz	3,-	st	5,-
F 36,00 M	ss	-,-	vz	3,-	st	5,-
G 21,00 M	ss	-,-	vz	3,-	st	5,-
J 31,50 M	ss	-,-	vz	3,-	st	5,-

1993

A 8,00 M	ss	-,-	vz	4,-	st	6,-
D 8,40 M	ss	-,-	vz	4,-	st	6,-
F 9,60 M	ss	-,-	vz	4,-	st	6,-
G 5,60 M	ss	-,-	vz	5,-	st	7,-
J 8,40 M	ss	-,-	vz	4,-	st	6,-

1994

A 18,00 M	ss	-,-	vz	2,50	st	4,-
D 18,90 M	ss	-,-	vz	2,50	st	4,-
F 21,60 M	ss	-,-	vz	2,50	st	4,-
G 12,60 M	ss	-,-	vz	2,50	st	4,-
J 18,90 M	ss	-,-	vz	2,50	st	4,-

1 DM

1995-1997 1 DM-Kursmünzen

1995

A 65 120	ss -,-	vz -,-	st 125,-
D 65 120	ss -,-	vz -,-	st 100,-
F 65 120	ss -,-	vz -,-	st 100,-
G 65 120	ss -,-	vz -,-	st 100,-
J 0,10 M	ss -,-	vz -,-	st 35,-

1996

A 0,15 M	ss -,-	vz -,-	st 20,-
D 0,16 M	ss -,-	vz -,-	st 20,-
F 0,18 M	ss -,-	vz -,-	st 20,-
G 0,11 M	ss -,-	vz -,-	st 20,-
J 0,16 M	ss -,-	vz -,-	st 20,-

Die Jahrgänge 1997-2001 wurden nur in Kursmünzensätzen ausgegeben.

1997

A 140 120	st 10,-
D 140 120	st 10,-
F 140 120	st 10,-
G 140 120	st 10,-
J 140 120	st 10,-

1998-2000 1 DM-Kursmünzen

1998

A	*140 120*	st	10,-
D	*140 120*	st	10,-
F	*140 120*	st	10,-
G	*140 120*	st	10,-
J	*140 120*	st	10,-

1999

A	*140 120*	st	10,-
D	*140 120*	st	10,-
F	*140 120*	st	10,-
G	*140 120*	st	10,-
J	*140 120*	st	10,-

2000

A	*140 120*	st	20,-
D	*140 120*	st	20,-
F	*140 120*	st	20,-
G	*140 120*	st	20,-
J	*140 120*	st	20,-

2001 1 DM-Kursmünzen

2001

A	140 120	st	20,-
D	140 120	st	20,-
F	140 120	st	20,-
G	140 120	st	20,-
J	140 120	st	20,-

1951 2 DM-Kursmünzen

Die Wertseite, der von Josef Bernhart, München, entworfenen 2 DM-Münze zeigt das Nominal, die Jahreszahl und rechts und links zwei Ähren, ein Weinblatt und eine Weintraubendolde. Da diese 2 DM-Münze dem 1 DM-Stück zum Verwechseln ähnlich sieht, wurde sie bereits am 01.07.1958 außer Kurs gesetzt. Die Rückseite zeigt den Bundesadler, das Münzzeichen und die Umschrift BUNDESREPUBLIK DEUTSCHLAND. Diese Münzen Sie daher bei Sammlern besonders gesucht.

2 Deutsche Mark „Ähren" 1951

Erstausgabe: 08.05.1951
Gültig bis: 01.07.1958
Gewicht: 7 Gramm
Durchmesser: 25,5 mm
Material: Kupfer-Nickel
Rand: „EINIGKEIT UND RECHT UND FREIHEIT" mit Eichenblättern
Jaegernummer: 386

Prägestätten:
D = München
F = Stuttgart
G = Karlsruhe
J = Hamburg

1951 2 DM-Kursmünzen

1951

		ss		vz		st	
D	19,56 M	ss	65,-	vz	90,-	st	225,-
F	22,61 M	ss	65,-	vz	90,-	st	225,-
G	13,01 M	ss	125,-	vz	175,-	st	350,-
J	20,10 M	ss	65,-	vz	90,-	st	225,-

1957-1971 **2 DM-Kursmünzen**

Die Wertseite, der von Karl Roth entworfenen 2 DM-Münze zeigt Wertstellung, Bundesadler, Prägejahr und die Umschrift BUNDES-REPUBLIK DEUTSCHLAND. Die Bildseite bildet den Physiker und Nobelpreisträger Max Planck ab. In der Umschrift sein Name und seine Lebensdaten. Die Münze wurde am 01.08.1973 außer Kurs gesetzt.

2 Deutsche Mark „Max Planck" *1957-1971*

Erstausgabe: 21.06.1957
Gültig bis: 01.08.1973
Gewicht: 7 Gramm
Durchmesser: 26,75 mm
Material: Kupfer-Nickel
Rand: „EINIGKEIT UND RECHT UND FREIHEIT", Eichenblätter
Jaegernummer: 392

Prägestätten:
D = München
F = Stuttgart
G = Karlsruhe
J = Hamburg

1957-1959 2 DM-Kursmünzen

1957

D 7,45 M	ss	4,-	vz	25,-	st	100,-
F 6,34 M	ss	4,-	vz	25,-	st	115,-
G 2,60 M	ss	30,-	vz	60,-	st	475,-
J 11,21 M	ss	4,-	vz	25,-	st	100,-

1958

D 12,62 M	ss	4,-	vz	23,-	st	100,-
F 16,82 M	ss	4,-	vz	23,-	st	100,-
G 10,74 M	ss	4,-	vz	23,-	st	100,-
J 9,41 M	ss	4,-	vz	28,-	st	128,-

1959

D 1,02 M	ss	9,-	vz	90,-	st	400,-
F 0,20 M	ss	12,50	vz	125,-	st	600,-

1960-1962 2 DM-Kursmünzen

1960

D 3,53 M	ss 5,-	vz 17,50	st 90,-
F 3,75 M	ss 5,-	vz 17,50	st 90,-
G 2,69 M	ss 12,50	vz 40,-	st 225,-
J 4,68 M	ss 5,-	vz 17,50	st 90,-

1961

D 3,92 M	ss 5,-	vz 17,50	st 92,-
F 3,30 M	ss 5,-	vz 17,50	st 92,-
G 2,77 M	ss 15,-	vz 40,-	st 175,-
J 2,94 M	ss 7,50	vz 20,-	st 118,-

1962

D 4,10 M	ss 5,-	vz 17,50	st 85,-
F 4,06 M	ss 12,50	vz 27,50	st 140,-
G 1,80 M	ss 12,50	vz 37,50	st 150,-
J 3,61 M	ss 5,-	vz 17,50	st 85,-

1963-1965 2 DM-Kursmünzen

1963

D 4,41 M	ss	4,-	vz	15,-	st	82,-
F 8,61 M	ss	4,-	vz	15,-	st	82,-
G 3,45 M	ss	4,-	vz	15,-	st	82,-
J 7,35 M	ss	4,-	vz	15,-	st	82,-

1964

D 5,20 M	ss	5,-	vz	15,-	st	72,-
F 2,65 M	ss	7,50	vz	25,-	st	175,-
G 3,04 M	ss	45,-	vz	80,-	st	210,-
J 2,68 M	ss	7,50	vz	20,-	st	80,-

1965

D 3,90 M	ss	4,-	vz	9,-	st	35,-
F 4,50 M	ss	4,-	vz	9,-	st	35,-
G 2,60 M	ss	10,-	vz	17,50	st	70,-
J 4,01 M	ss	4,-	vz	9,-	st	35,-

1966-1968 2 DM-Kursmünzen

1966

D 5,85 M　ss 3,-　vz 9,-　st 30,-
F 6,75 M　ss 3,-　vz 9,-　st 30,-
G 3,89 M　ss 3,-　vz 9,-　st 30,-
J 6,01 M　ss 3,-　vz 9,-　st 30,-

1967

D 3,25 M　ss 4,-　vz 10,-　st 30,-
F 3,76 M　ss 4,-　vz 10,-　st 30,-
G 1,88 M　ss 15,-　vz 30,-　st 70,-
J 6,68 M　ss 4,-　vz 10,-　st 30,-

1968

D 4,17 M　ss 5,-　vz 10,-　st 25,-
F 4,81 M　ss 25,-　vz 40,-　st 90,-
G 3,06 M　ss 5,-　vz 10,-　st 30,-
J 0,94 M　ss 8,50　vz 15,-　st 55,-

1969-1971 2 DM-Kursmünzen

1969

		ss		vz		st	
D	2,60 M	ss	8,-	vz	10,-	st	45,-
F	3,01 M	ss	8,-	vz	10,-	st	45,-
G	1,75 M	ss	17,50	vz	27,50	st	35,-
J	2,68 M	ss	6,-	vz	10,-	st	45,-

1970

D	5,20 M	ss	4,-	vz	5,-	st	12,50
F	6,02 M	ss	4,-	vz	5,-	st	12,50
G	3,46 M	ss	4,-	vz	5,-	st	12,50
J	5,69 M	ss	4,-	vz	5,-	st	12,50

1971

D	8,45 M	ss	4,-	vz	5,-	st	12,50
F	10,03 M	ss	4,-	vz	5,-	st	12,50
G	5,63 M	ss	4,-	vz	6,-	st	12,50
J	8,79 M	ss	4,-	vz	5,-	st	12,50

2 DM

1969-1987 2 DM-Kursmünzen

Zum Anlass „20 Jahre Grundgesetz" 1969 wurde von Reinhart Heinsdorff eine neue 2 DM-Münze entworfen. Auf der Bildseite des neuen 2 DM-Stückes ist Konrad Adenauer abgebildet. Adenauer war von 1917-1933 Oberbürgermeister von Köln, von 1949 bis 1963 Bundeskanzler der BRD.

2 Deutsche Mark „Adenauer" *1969-1987*

Erstausgabe: 28.12.1970
Gültig bis: 28.02.2002
Gewicht: 7 Gramm
Durchmesser: 26,75 mm
Material: Magnimat
Rand: „EINIGKEIT UND RECHT UND FREIHEIT", Eichenblätter
Jaegernummer: 406

Prägestätten:
D = München
F = Stuttgart
G = Karlsruhe
J = Hamburg

1969-1971 2 DM-Kursmünzen

1969

D 7,00 M	ss	4,-	vz	5,-	st	10,-
F 7,01 M	ss	4,-	vz	5,-	st	10,-
G 7,01 M	ss	5,-	vz	6,-	st	12,-
J 7,00 M	ss	4,-	vz	5,-	st	10,-

1970

D 7,32 M	ss	4,-	vz	5,-	st	10,-
F 8,42 M	ss	4,-	vz	5,-	st	10,-
G 4,84 M	ss	5,-	vz	6,-	st	12,-
J 7,48 M	ss	4,-	vz	5,-	st	10,-

1971

D 7,29 M	ss	4,-	vz	5,-	st	10,-
F 8,40 M	ss	4,-	vz	5,-	st	10,-
G 4,85 M	ss	5,-	vz	6,-	st	12,-
J 7,48 M	ss	4,-	vz	5,-	st	10,-

1972-1974 2 DM-Kursmünzen

1972

D 7,29 M	ss 4,-	vz 5,-	st 10,-
F 8,40 M	ss 4,-	vz 5,-	st 10,-
G 4,85 M	ss 5,-	vz 6,-	st 12,-
J 7,48 M	ss 4,-	vz 5,-	st 10,-

1973

D 10,39 M	ss 4,-	vz 5,-	st 10,-
F 11,07 M	ss 4,-	vz 5,-	st 10,-
G 9,02 M	ss 5,-	vz 6,-	st 12,-
J 12,27 M	ss 4,-	vz 5,-	st 10,-

1974

D 5,15 M	ss 4,-	vz 5,-	st 10,-
F 5,99 M	ss 4,-	vz 5,-	st 10,-
G 3,79 M	ss 5,-	vz 6,-	st 12,-
J 5,28 M	ss 4,-	vz 5,-	st 10,-

1975-1977 2 DM-Kursmünzen

1975

D 4,60 M	ss	4,-	vz	5,-	st	10,-
F 5,31 M	ss	4,-	vz	5,-	st	10,-
G 3,08 M	ss	5,-	vz	6,-	st	12,-
J 4,71 M	ss	4,-	vz	5,-	st	10,-

1976

D 4,62 M	ss	4,-	vz	5,-	st	10,-
F 5,30 M	ss	4,-	vz	5,-	st	10,-
G 3,07 M	ss	5,-	vz	6,-	st	12,-
J 4,72 M	ss	4,-	vz	5,-	st	10,-

1977

D 5,96 M	ss	4,-	vz	5,-	st	10,-
F 6,82 M	ss	4,-	vz	5,-	st	10,-
G 3,94 M	ss	5,-	vz	6,-	st	12,-
J 6,06 M	ss	4,-	vz	5,-	st	10,-

1978-1980 2 DM-Kursmünzen

1978

D 3,31 M	ss	4,-	vz	5,-	st 10,-
F 3,81 M	ss	4,-	vz	5,-	st 10,-
G 2,22 M	ss	5,-	vz	6,-	st 12,-
J 3,39 M	ss	4,-	vz	5,-	st 10,-

1979

D 3,21 M	ss	4,-	vz	5,-	st 10,-
F 3,68 M	ss	4,-	vz	5,-	st 10,-
G 2,16 M	ss	5,-	vz	6,-	st 12,-
J 3,29 M	ss	4,-	vz	5,-	st 10,-

1980

D 2,06 M	ss	4,-	vz	5,-	st 10,-
F 2,36 M	ss	4,-	vz	5,-	st 10,-
G 1,11 M	ss	5,-	vz	6,-	st 12,-
J 2,11 M	ss	4,-	vz	5,-	st 10,-

1981-1983 2 DM-Kursmünzen

1981

D	2,04 M	ss	3,-	vz	5,-	st	9,-
F	2,34 M	ss	3,-	vz	5,-	st	9,-
G	1,39 M	ss	4,-	vz	6,-	st	10,-
J	2,09 M	ss	3,-	vz	5,-	st	9,-

1982

D	3,17 M	ss	3,-	vz	5,-	st	9,-
F	3,64 M	ss	3,-	vz	6,-	st	9,-
G	2,14 M	ss	4,-	vz	5,-	st	10,-
J	3,26 M	ss	3,-	vz	5,-	st	9,-

1983

D	1,64 M	ss	4,-	vz	5,-	st	10,-
F	1,88 M	ss	4,-	vz	5,-	st	10,-
G	1,11 M	ss	6,-	vz	8,-	st	12,-
J	1,68 M	ss	4,-	vz	5,-	st	10,-

1984-1986 2 DM-Kursmünzen

1984

D *0,58 M*	ss 7,-	vz 11,-	st 22,50
F *0,66 M*	ss 7,-	vz 11,-	st 22,50
G *0,41 M*	ss 10,-	vz 15,-	st 27,50
J *0,60 M*	ss 7,-	vz 11,-	st 22,50

1985

D *2,66 M*	ss 3,-	vz 4,50	st 9,-
F *3,05 M*	ss 3,-	vz 4,50	st 9,-
G *1,78 M*	ss 5,-	vz 6,-	st 10,-
J *2,72 M*	ss 3,-	vz 4,50	st 9,-

1986

D *2,64 M*	ss 4,-	vz 5,-	st 20,-
F *3,04 M*	ss 4,-	vz 5,-	st 20,-
G *1,77 M*	ss 6,-	vz 7,-	st 25,-
J *2,71 M*	ss 4,-	vz 5,-	st 20,-

1987 2 DM-Kursmünzen

1987

D *4,46 M* ss 3,- vz 5,- st 10,-
F *5,14 M* ss 3,- vz 5,- st 10,-
G *2,98 M* ss 4,- vz 6,- st 10,-
J *4,58 M* ss 3,- vz 5,- st 10,-

1970-1987 2 DM-Kursmünzen

Ebenfalls zum 20. Jahrestag des Grundgesetzes (23.05.1949) erschien ein weitere 2 DM-Münze, dessen Bildseite von Karl-Ulrich Nuß entworfen wurde. Sie zeigt ein Porträt von Theodor Heuss, dem ersten Bundespräsident der BRD (1949-1959). Die Wertseite wurde beibehalten.

2 Deutsche Mark „Heuss" *1970-1987*

Erstausgabe: 01.07.1973
Gültig bis: 28.02.2002
Gewicht: 7 Gramm
Durchmesser: 26,75 mm
Material: Magnimat
Rand: „EINIGKEIT UND RECHT UND FREIHEIT", Eichenblätter
Jaegernummer: 407

Prägestätten:
D = München
F = Stuttgart
G = Karlsruhe
J = Hamburg

1970-1972 2 DM-Kursmünzen

1970

D 7,32 M	ss	4,-	vz	5,-	st	10,-
F 8,43 M	ss	4,-	vz	5,-	st	10,-
G 4,84 M	ss	5,-	vz	6,-	st	12,-
J 7,48 M	ss	4,-	vz	5,-	st	10,-

1971

D 7,28 M	ss	4,-	vz	5,-	st	10,-
F 8,40 M	ss	4,-	vz	5,-	st	10,-
G 4,84 M	ss	5,-	vz	6,-	st	12,-
J 7,48 M	ss	4,-	vz	5,-	st	10,-

1972

D 7,29 M	ss	4,-	vz	5,-	st	10,-
F 8,41 M	ss	4,-	vz	5,-	st	10,-
G 4,86 M	ss	5,-	vz	6,-	st	12,-
J 7,48 M	ss	4,-	vz	5,-	st	10,-

1973-1975 2 DM-Kursmünzen

1973

D 10,38 M | ss 4,- | vz 5,- | st 10,-
F 11,02 M | ss 4,- | vz 5,- | st 10,-
G 8,98 M | ss 5,- | vz 6,- | st 12,-
J 12,36 M | ss 4,- | vz 5,- | st 10,-

1974

D 5,15 M | ss 4,- | vz 5,- | st 10,-
F 5,93 M | ss 4,- | vz 5,- | st 10,-
G 3,82 M | ss 5,- | vz 6,- | st 12,-
J 5,28 M | ss 4,- | vz 5,- | st 10,-

1975

D 4,67 M | ss 4,- | vz 5,- | st 10,-
F 5,29 M | ss 4,- | vz 5,- | st 10,-
G 3,08 M | ss 5,- | vz 6,- | st 12,-
J 4,71 M | ss 4,- | vz 5,- | st 10,-

1976-1978 2 DM-Kursmünzen

1976

D 4,59 M	ss	4,-	vz	5,-	st	10,-
F 5,30 M	ss	4,-	vz	5,-	st	10,-
G 3,07 M	ss	5,-	vz	6,-	st	12,-
J 4,72 M	ss	4,-	vz	5,-	st	10,-

1977

D 5,91 M	ss	4,-	vz	5,-	st	10,-
F 6,80 M	ss	4,-	vz	5,-	st	10,-
G 3,95 M	ss	5,-	vz	6,-	st	12,-
J 6,06 M	ss	4,-	vz	5,-	st	10,-

1978

D 3,30 M	ss	4,-	vz	5,-	st	10,-
F 3,80 M	ss	4,-	vz	5,-	st	10,-
G 2,22 M	ss	5,-	vz	6,-	st	12,-
J 3,39 M	ss	4,-	vz	5,-	st	10,-

1979-1981 2 DM-Kursmünzen

1979

D 3,21 M | ss 4,- | vz 5,- | st 10,-
F 3,68 M | ss 4,- | vz 5,- | st 10,-
G 2,16 M | ss 5,- | vz 6,- | st 12,-
J 3,29 M | ss 4,- | vz 5,- | st 10,-

1980

D 2,06 M | ss 4,- | vz 5,- | st 10,-
F 2,36 M | ss 4,- | vz 5,- | st 10,-
G 1,41 M | ss 5,- | vz 6,- | st 12,-
J 2,11 M | ss 4,- | vz 5,- | st 10,-

1981

D 2,04 M | ss 3,- | vz 5,- | st 10,-
F 2,34 M | ss 3,- | vz 5,- | st 10,-
G 1,39 M | ss 5,- | vz 7,- | st 12,-
J 2,09 M | ss 3,- | vz 5,- | st 10,-

2 DM

1982-1984 2 DM-Kursmünzen

1982

D 3,17 M	ss 3,-	vz 5,-	st 10,-
F 3,64 M	ss 3,-	vz 6,-	st 10,-
G 2,14 M	ss 4,-	vz 6,-	st 11,-
J 3,26 M	ss 3,-	vz 5,-	st 10,-

1983

D 1,64 M	ss 4,-	vz 6,-	st 12,50
F 1,88 M	ss 4,-	vz 6,-	st 12,50
G 1,11 M	ss 6,-	vz 8,-	st 15,-
J 1,68 M	ss 4,-	vz 6,-	st 12,50

1984

D 0,58 M	ss 7,-	vz 11,-	st 22,50
F 0,66 M	ss 7,-	vz 11,-	st 22,50
G 0,41 M	ss 10,-	vz 15,-	st 25,-
J 0,60 M	ss 6,-	vz 11,-	st 22,50

2 DM

1985-1987 2 DM-Kursmünzen

1985

D 2,66 M	ss 3,-	vz 5,-	st 10,-
F 3,05 M	ss 3,-	vz 5,-	st 10,-
G 1,78 M	ss 5,-	vz 7,50	st 15,-
J 2,72 M	ss 3,-	vz 5,-	st 10,

1986

D 2,64 M	ss 4,-	vz 7,-	st 20,-
F 3,04 M	ss 4,-	vz 7,-	st 20,-
G 1,77 M	ss 6,-	vz 7,50	st 25,-
J 2,71 M	ss 4,-	vz 7,-	st 20,-

1987

D 4,49 M	ss 3,-	vz 5,-	st 10,-
F 5,15 M	ss 3,-	vz 5,-	st 10,-
G 2,99 M	ss 4,-	vz 6,-	st 11,-
J 4,58 M	ss 3,-	vz 5,-	st 10,-

2 DM

1979-1993 2 DM-Kursmünzen

Die Münze erschien erstmals zum Anlass „30 Jahre Grundgesetz" (23.05.1949). Die Bildseite wurde von Hans-Joachim Dobler entworfen und zeigt Kurt Schumacher. Als Reichstagsabgeordneter hatte er die Nationalsozialisten bekämpft. Im Bundestag war er der erste Führer der SPD-Opposition. Die Wertseite wurde beibehalten.

2 Deutsche Mark „Schumacher" *1979-1993*

Erstausgabe: 21.05.1979
Gültig bis: 28.02.2002
Gewicht: 7 Gramm
Durchmesser: 26,75 mm
Material: Magnimat
Rand: „EINIGKEIT UND RECHT UND FREIHEIT", Eichenblätter
Jaegernummer: 424

Prägestätten:
A = Berlin (seit 1991)
D = München
F = Stuttgart
G = Karlsruhe
J = Hamburg

1979-1981 2 DM-Kursmünzen

1979

		ss		vz		st	
D	3,21 M	ss	4,-	vz	5,-	st	9,-
F	3,69 M	ss	4,-	vz	5,-	st	9,-
G	2,16 M	ss	5,-	vz	6,-	st	11,-
J	3,29 M	ss	4,-	vz	5,-	st	9,-

1980

D	2,06 M	ss	4,-	vz	5,-	st	9,-
F	2,36 M	ss	4,-	vz	5,-	st	9,-
G	1,41 M	ss	5,-	vz	6,-	st	11,-
J	2,11 M	ss	4,-	vz	5,-	st	9,-

1981

D	2,04 M	ss	4,-	vz	5,-	st	9,-
F	2,34 M	ss	4,-	vz	5,-	st	9,-
G	1,39 M	ss	5,-	vz	6,-	st	11,-
J	2,09 M	ss	4,-	vz	5,-	st	9,-

1982-1984 2 DM-Kursmünzen

1982

D	3,12 M	ss	4,-	vz	5,-	st	9,-
F	3,64 M	ss	4,-	vz	5,-	st	9,-
G	2,14 M	ss	5,-	vz	6,-	st	11,-
J	3,26 M	ss	4,-	vz	5,-	st	9,-

1983

D	1,64 M	ss	4,-	vz	6,-	st	10,-
F	1,88 M	ss	4,-	vz	6,-	st	10,-
G	1,11 M	ss	7,-	vz	9,-	st	15,-
J	1,68 M	ss	4,-	vz	6,-	st	10,-

1984

D	0,58 M	ss	7,-	vz	12,50	st	22,50
F	0,66 M	ss	7,-	vz	12,50	st	22,50
G	0,41 M	ss	11,-	vz	17,50	st	27,50
J	0,60 M	ss	7,-	vz	12,50	st	22,50

2 DM

1985-1987 2 DM-Kursmünzen

1985

D	2,66 M	ss	3,-	vz	5,-	st 9,-
F	3,05 M	ss	3,-	vz	5,-	st 9,-
G	1,79 M	ss	5,-	vz	6,-	st 12,-
J	2,72 M	ss	3,-	vz	5,-	st 9,-

1986

D	2,64 M	ss	4,-	vz	7,50	st 20,-
F	3,04 M	ss	4,-	vz	7,50	st 20,-
G	1,77 M	ss	6,-	vz	9,-	st 25,-
J	2,71 M	ss	4,-	vz	7,50	st 23,-

1987

D	4,47 M	ss	3,-	vz	5,-	st 9,-
F	5,15 M	ss	3,-	vz	5,-	st 9,-
G	2,99 M	ss	4,-	vz	6,-	st 9,-
J	4,58 M	ss	3,-	vz	5,-	st 9,-

1988-1990 2 DM-Kursmünzen

1988

D 5,90 M   ss 3,-   vz 5,-   st 8,-
F 6,80 M   ss 3,-   vz 5,-   st 8,-
G 3,94 M   ss 4,-   vz 6,-   st 9,-
J 6,05 M   ss 3,-   vz 5,-   st 8,-

1989

D 10,45 M   ss 3,-   vz 5,-   st 8,-
F 12,05 M   ss 3,-   vz 5,-   st 8,-
G 6,97 M   ss 4,-   vz 6,-   st 9,-
J 10,73 M   ss 3,-   vz 5,-   st 8,-

1990

D 18,42 M   ss 3,-   vz 5,-   st 8,-
F 21,25 M   ss 3,-   vz 5,-   st 8,-
G 12,27 M   ss 4,-   vz 6,-   st 9,-
J 18,91 M   ss 3,-   vz 5,-   st 8,-

1991-1993 2 DM-Kursmünzen

1991

		ss		vz		st	
A	4,00 M	ss	3,-	vz	5,-	st	8,-
D	4,20 M	ss	3,-	vz	5,-	st	8,-
F	4,80 M	ss	3,-	vz	5,-	st	8,-
G	2,80 M	ss	4,-	vz	6,-	st	9,-
J	4,20 M	ss	3,-	vz	5,-	st	8,-

1992

A	7,33 M	ss	3,-	vz	5,-	st	8,-
D	7,70 M	ss	3,-	vz	5,-	st	8,-
F	8,80 M	ss	3,-	vz	5,-	st	8,-
G	5,13 M	ss	3,-	vz	5,-	st	8,-
J	7,70 M	ss	3,-	vz	5,-	st	8,-

1993

A	0,60 M	ss	6,-	vz	7,-	st	9,-
D	0,63 M	ss	6,-	vz	7,-	st	9,-
F	0,72 M	ss	6,-	vz	7,-	st	9,-
G	0,42 M	ss	13,-	vz	17,50	st	35,-
J	0,63 M	ss	6,-	vz	7,-	st	9,-

1988-2001 2 DM-Kursmünzen

Mit der Herausgabe dieser Münze wurden „40 Jahre Deutsche Mark" gefeiert (20./21.06.1948). Der Entwurf der Bildseite von Franz Müller zeigt ein Kopfbild Ludwig Erhards. Erhard war Wirtschaftsminister unter Konrad Adenauer und wird als Vater der sozialen Marktwirtschaft verehrt. Zwischen 1963 und 1966 war Erhard Bundeskanzler. Die Wertseite wurde beibehalten.

2 Deutsche Mark „Erhard" *1988-2001*

Erstausgabe: 20.06.1988
Gültig bis: 28.02.2002
Gewicht: 7 Gramm
Durchmesser: 26,75 mm
Material: Magnimat
Rand: „EINIGKEIT UND RECHT UND FREIHEIT"
Jaegernummer: 445

Prägestätten:
A = Berlin (seit 1991)
D = München
F = Stuttgart
G = Karlsruhe
J = Hamburg

1988-1990 2 DM-Kursmünzen

1988

	ss	vz	st
D 5,90 M	3,-	4,50	8,-
F 6,80 M	3,-	4,50	8,-
G 3,94 M	4,-	5,-	9,-
J 6,05 M	3,-	4,50	8,-

1989

	ss	vz	st
D 10,45 M	3,-	4,50	8,-
F 12,05 M	3,-	4,50	8,-
G 6,97 M	4,-	5,-	9,-
J 10,73 M	3,-	4,50	8,-

1990

	ss	vz	st
D 18,42 M	3,-	4,50	8,-
F 21,25 M	3,-	4,50	8,-
G 12,27 M	4,-	5,-	9,-
J 18,91 M	3,-	4,50	8,-

1991-1993 2 DM-Kursmünzen

1991

A 4,00 M	ss 4,-	vz 5,-	st 9,-
D 4,20 M	ss 4,-	vz 5,-	st 9,-
F 4,80 M	ss 4,-	vz 5,-	st 9,-
G 2,80 M	ss 5,-	vz 6,-	st 11,-
J 4,20 M	ss 4,-	vz 5,-	st 9,-

1992

A 7,33 M	ss 3,-	vz 4,50	st 8,-
D 7,70 M	ss 3,-	vz 4,50	st 8,-
F 8,80 M	ss 3,-	vz 4,50	st 8,-
G 5,13 M	ss 3,-	vz 4,50	st 8,-
J 7,70 M	ss 3,-	vz 4,50	st 8,-

1993

A 0,60 M	ss 5,-	vz 7,-	st 11,-
D 0,63 M	ss 5,-	vz 7,-	st 11,-
F 0,72 M	ss 5,-	vz 7,-	st 11,-
G 0,42 M	ss 10,-	vz 15,-	st 20,-
J 0,63 M	ss 5,-	vz 7,-	st 11,-

1994-1996 2 DM-Kursmünzen

1994

A 5,00 M	ss	3,-	vz	4,-	st	6,-
D 5,25 M	ss	3,-	vz	4,-	st	6,-
F 6,00 M	ss	3,-	vz	4,-	st	6,-
G 3,50 M	ss	4,-	vz	5,-	st	7,-
J 5,25 M	ss	3,-	vz	4,-	st	6,-

1995

A 1,60 M	ss	-,-	vz	-,-	st	7,50
D 0,02 M	ss	-,-	vz	-,-	st	110,-
F 0,02 M	ss	-,-	vz	-,-	st	110,-
G 0,92 M	ss	-,-	vz	-,-	st	7,50
J 0,02 M	ss	-,-	vz	-,-	st	110,-

1996

A 0,20 M	ss	-,-	vz	-,-	st	10,-
D 0,21 M	ss	-,-	vz	-,-	st	10,-
F 0,23 M	ss	-,-	vz	-,-	st	10,-
G 0,16 M	ss	-,-	vz	-,-	st	10,-
J 0,21 M	ss	-,-	vz	-,-	st	10,-

1997-1999 2 DM-Kursmünzen

Die Jahrgänge 1997-2001 wurden nur in Kursmünzensätzen ausgegeben.

1997

A	135 000	st	7,50
D	135 000	st	7,50
F	135 000	st	7,50
G	135 000	st	7,50
J	135 000	st	7,50

1998

A	135 000	st	6,50
D	135 000	st	6,50
F	135 000	st	6,50
G	135 000	st	6,50
J	135 000	st	6,50

1999

A	135 000	st	6,50
D	135 000	st	6,50
F	135 000	st	6,50
G	135 000	st	6,50
J	135 000	st	6,50

2000-2001 2 DM-Kursmünzen

2000

A	155000	st	6,50
D	155000	st	6,50
F	155000	st	6,50
G	155000	st	6,50
J	155000	st	6,50

2001

A	215000	st	6,50
D	215000	st	6,50
F	215000	st	6,50
G	215000	st	6,50
J	215000	st	6,50

1990-2001 2 DM-Kursmünzen

Das Jubiläum „40 Jahre BRD (1949-1989)" bot den Anlass für die Ausgabe dieser Münze. Der Entwurf ist von Erich Ott. Die Münze zeigt ein Portrait von Franz Josef Strauß. Der Politiker hatte verschiedene Ministerämter inne und war von 1978-1988 Ministerpräsident von Bayern. Die Wertseite wurde nach dem Entwurf Reinhart Heinsdorff beibehalten.

2 Deutsche Mark „Strauß" *1990-2001*

Erstausgabe: 09.10.1990
Gültig bis: 28.02.2002
Gewicht: 7 Gramm
Durchmesser: 26,75 mm
Material: Magnimat
Rand: „EINIGKEIT UND RECHT UND FREIHEIT"
Jaegernummer: 450

Prägestätten:
A = Berlin (seit 1991)
D = München
F = Stuttgart
G = Karlsruhe
J = Hamburg

1990-1992 2 DM-Kursmünzen

1990

D 18,42 M	ss	3,-	vz	4,50	st	10,-
F 21,25 M	ss	3,-	vz	4,50	st	10,-
G 12,27 M	ss	4,-	vz	5,-	st	12,-
J 18,91 M	ss	3,-	vz	4,50	st	10,-

1991

A 4,00 M	ss	3,-	vz	4,50	st	8,-
D 4,20 M	ss	3,-	vz	4,50	st	8,-
F 4,80 M	ss	3,-	vz	4,50	st	8,-
G 2,80 M	ss	4,-	vz	5,-	st	10,-
J 4,20 M	ss	3,-	vz	4,50	st	8,-

1992

A 7,33 M	ss	3,-	vz	4,50	st	8,-
D 7,70 M	ss	3,-	vz	4,50	st	8,-
F 8,80 M	ss	3,-	vz	4,50	st	8,-
G 5,13 M	ss	4,-	vz	5,-	st	9,-
J 7,70 M	ss	3,-	vz	4,50	st	8,-

1993-1995 2 DM-Kursmünzen

1993

A	0,60 M	ss	5,-	vz	6,-	st	9,-
D	0,63 M	ss	5,-	vz	6,-	st	9,-
F	0,72 M	ss	5,-	vz	6,-	st	9,-
G	0,42 M	ss	9,-	vz	11,-	st	15,
J	0,63 M	ss	5,-	vz	6,-	st	9,-

1994

A	5,00 M	ss	-,-	vz	4,-	st	7,-
D	5,25 M	ss	-,-	vz	4,-	st	7,-
F	6,00 M	ss	-,-	vz	4,-	st	7,-
G	3,50 M	ss	-,-	vz	5,-	st	7,-
J	5,25 M	ss	-,-	vz	4,-	st	7,-

1995

A	1,60 M	ss	-,-	vz	-,-	st	7,50
D	0,02 M	ss	-,-	vz	-,-	st	110,-
F	0,02 M	ss	-,-	vz	-,-	st	110,-
G	0,92 M	ss	-,-	vz	-,-	st	9,-
J	0,02 M	ss	-,-	vz	-,-	st	110,-

2 DM

1996-1998 2 DM-Kursmünzen

1996

A 0,15 M	ss	-,-	vz	-,-	st	10,-
D 0,16 M	ss	-,-	vz	-,-	st	10,-
F 0,18 M	ss	-,-	vz	-,-	st	10,-
G 0,11 M	ss	-,-	vz	-,-	st	10,-
J 0,16 M	ss	-,-	vz	-,-	st	10,-

Die Jahrgänge 1997-2001 wurden nur in Kursmünzensätzen ausgegeben.

1997

A 135 000	st	7,50
D 135 000	st	7,50
F 135 000	st	7,50
G 135 000	st	7,50
J 135 000	st	7,50

1998

A 135 000	st	6,50
D 135 000	st	6,50
F 135 000	st	6,50
G 135 000	st	6,50
J 135 000	st	6,50

1999-2001 2 DM-Kursmünzen

1999

A *135 000*	st	6,50
D *135 000*	st	6,50
F *135 000*	st	6,50
G *135 000*	st	6,30
J *135 000*	st	6,50

2000

A *155 000*	st	6,50
D *155 000*	st	6,50
F *155 000*	st	6,50
G *155 000*	st	6,50
J *155 000*	st	6,50

2001

A *215 000*	st	6,50,-
D *215 000*	st	6,50
F *215 000*	st	9,-
G *215 000*	st	15,-
J *215 000*	st	9,-

1994-2001 2 DM-Kursmünzen

Die Münze mit dem Bild Willy Brandts wurde erstmals zum 45. Jahrestag der BRD herausgegeben. Brandt war von 1957-1966 Bürgermeister von Berlin und von 1969-1974 Bundeskanzler der BRD. 1971 erhielt Willy Brandt den Friedensnobelpreis für seine Entspannungspolitik im Umgang mit der DDR und der Sowjetunion. Der Entwurf des 2 DM-Stückes geht auf Hubert Kinkel zurück. Die Wertseite wurde beibehalten.

2 Deutsche Mark „Brandt" *1994-2001*

Erstausgabe: 19.07.1994
Gültig bis: 28.02.2002
Gewicht: 7 Gramm
Durchmesser: 26,75 mm
Material: Magnimat
Rand: „EINIGKEIT UND RECHT UND FREIHEIT"
Jaegernummer: 459

Prägestätten:
A = Berlin
D = München
F = Stuttgart
G = Karlsruhe
J = Hamburg

1994-1996 2 DM-Kursmünzen

1994

A 5,00 M	ss -,-	vz 4,-	st 6,-
D 5,25 M	ss -,-	vz 4,-	st 6,-
F 6,00 M	ss -,-	vz 4,-	st 6,-
G 3,50 M	ss -,-	vz 4,-	st 8,-
J 5,25 M	ss -,-	vz 4,-	st 6,-

1995

A 1,60 M	ss -,-	vz -,-	st 7,50
D 0,02 M	ss -,-	vz -,-	st 110,-
F 0,02 M	ss -,-	vz -,-	st 110,-
G 1,22 M	ss -,-	vz -,-	st 7,50
J 0,01 M	ss -,-	vz -,-	st 60,-

1996

A 0,15 M	ss -,-	vz -,-	st 10,-
D 0,16 M	ss -,-	vz -,-	st 10,-
F 0,18 M	ss -,-	vz -,-	st 10,-
G 0,11 M	ss -,-	vz -,-	st 10,-
J 0,16 M	ss -,-	vz -,-	st 10,-

1997-1999 2 DM-Kursmünzen

*Die Jahrgänge 1997-2001 wurden
nur in Kursmünzensätzen ausgegeben.*

1997

A	135 000	st	7,50
D	135 000	st	7,50
F	135 000	st	7,50
G	135 000	st	7,50
J	135 000	st	7,50

1998

A	135 000	st	6,50
D	135 000	st	6,50
F	135 000	st	6,50
G	135 000	st	6,50
J	135 000	st	6,50

1999

A	135 000	st	6,50
D	135 000	st	6,50
F	135 000	st	6,50
G	135 000	st	6,50
J	135 000	st	6,50

2000-2001 2 DM-Kursmünzen

2000

A	155000	st	6,50
D	155000	st	6,50
F	155000	st	6,50
G	155000	st	6,50
J	155000	st	6,50

2001

A	215000	st	6,50
D	215000	st	6,50
F	215000	st	6,50
G	215000	st	6,50
J	215000	st	6,50

1951-1974 5 DM-Kursmünzen

Das erste 5 DM-Stück der BRD, das Prof. Albert Holl entwarf, bestand aus 625 Teilen Silber und 375 Teilen Kupfer und war damit die einzige Edelmetallmünze nach der Währungsreform. Als der Silberpreis 1974 den Nennwert stieg, wurde der beliebte „Silberadler" durch eine Münze in MAGNIMAT ersetzt.

5 Deutsche Mark „Silberadler" *1951-1974*

Erstausgabe: 08.05.1952
Gültig bis: 01.08.1975
Gewicht: 11,2 Gramm
Durchmesser: 29 mm
Material: Silber 625, Kupfer 375
Rand: „EINIGKEIT UND RECHT UND FREIHEIT", Eichenblätter
Jaegernummer: 387

Prägestätten:
D = München
F = Stuttgart
G = Karlsruhe
J = Hamburg

1951-1957 5 DM-Kursmünzen

1951

D 20,60 M	ss	5,-	vz	15,-	st	56,-
F 24,00 M	ss	5,-	vz	15,-	st	56,-
G 13,84 M	ss	6,-	vz	21,-	st	107,-
J 21,36 M	ss	5,-	vz	15,-	st	56,-

1956

D 1,09 M	ss	17,50	vz	64,-	st	405,-
F 1,20 M	ss	17,50	vz	64,-	st	435,-
J 1,07 M	ss	17,50	vz	56,-	st	375,-

1957

D 0,57 M	ss	22,50	vz	64,-	st	460,-
F 2,10 M	ss	12,50	vz	50,-	st	305,-
G 0,69 M	ss	20,-	vz	92,-	st	490,-
J 1,63 M	ss	12,50	vz	50,-	st	325,-

1958-1960 5 DM-Kursmünzen

1958

D 1,23 M	ss	12,50	vz	36,-	st	180,-
F 0,60 M	ss	37,50	vz	230,-	st	1.330,-
G 1,56 M	ss	10,-	vz	36,-	st	200,-
J 0,06 M	ss	1.350,-	vz	2.100,-	st	6.500,

1959

D 0,49 M	ss	18,-	vz	60,-	st	385,-
G 0,69 M	ss	40,-	vz	100,-	st	505,-
J 0,71 M	ss	22,50	vz	60,-	st	390,-

1960

D 1,04 M	ss	15,-	vz	32,50	st	183,-
F 1,58 M	ss	12,50	vz	31,-	st	180,-
G 0,69 M	ss	15,-	vz	32,50	st	183,-
J 1,61 M	ss	12,50	vz	31,-	st	180,-

5 DM

1961-1964 5 DM-Kursmünzen

1961

D	1,04 M	ss	17,50	vz	36,-	st	200,-
F	0,82 M	ss	22,50	vz	56,-	st	300,-
J	0,52 M	ss	27,50	vz	56,-	st	385,-

1963

D	2,08 M	ss	10,-	vz	23,-	st	190,-
F	1,25 M	ss	15,-	vz	36,-	st	290,-
G	0,60 M	ss	10,-	vz	23,-	st	190,-
J	2,14 M	ss	10,-	vz	23,-	st	190,-

1964

D	0,45 M	ss	25,-	vz	56,-	st	285,-
F	2,65 M	ss	8,-	vz	21,-	st	90,-
G	1,65 M	ss	8,-	vz	21,-	st	87,-
J	1,33 M	ss	8,-	vz	21,-	st	100,-

1965-1967 **5 DM-Kursmünzen**

1965

D 4,35 M ss 6,- vz 10,- st 37,50
F 4,05 M ss 6,- vz 10,- st 37,50
G 2,34 M ss 6,- vz 10,- st 38,-
J 3,60 M ss 6,- vz 10,- st 37,50

1966

D 5,20 M ss 6,- vz 10,- st 37,50
F 6,00 M ss 6,- vz 10,- st 37,50
G 3,46 M ss 6,- vz 10,- st 37,50
J 5,34 M ss 6,- vz 10,- st 37,50

1967

D 3,12 M ss 8,- vz 11,- st 37,50
F 3,60 M ss 6,- vz 10,- st 37,50
G 1,41 M ss 8,- vz 11,- st 37,50
J 3,20 M ss 6,- vz 10,- st 37,50

5 DM

1968-1970 5 DM-Kursmünzen

1968

D *1,30 M*	ss	10,-	vz	12,50	st	40,-
F *1,50 M*	ss	10,-	vz	12,50	st	40,-
G *1,53 M*	ss	10,-	vz	12,50	st	40,-
J *1,33 M*	ss	10,-	vz	12,50	st	40,-

1969

D *2,08 M*	ss	10,-	vz	12,50	st	27,50
F *2,40 M*	ss	7,50	vz	10,-	st	22,50
G *3,48 M*	ss	7,50	vz	10,-	st	22,50
J *2,14 M*	ss	7,50	vz	10,-	st	22,50

1970

D *2,00 M*	ss	10,-	vz	12,50	st	25,-
F *2,00 M*	ss	10,-	vz	12,50	st	25,-
G *6,00 M*	ss	6,-	vz	9,-	st	22,50
J *4,00 M*	ss	6,-	vz	9,-	st	22,50

5 DM

1971-1973 5 DM-Kursmünzen

1971

D 4,00 M ss 10,-   vz 12,50 st 25,-
F 4,00 M ss 6,-   vz 9,-   st 22,50
G 6,01 M ss 6,-   vz 9,-   st 22,50
J 6,00 M ss 6,-   vz 9,-   st 22,50

1972

D 3,00 M ss 10,-   vz 12,50 st 25,-
F 9,00 M ss 6,-   vz 9,-   st 22,50
G 5,00 M ss 6,-   vz 9,-   st 22,50
J 6,00 M ss 6,-   vz 9,-   st 22,50

1973

D 3,38 M ss 10,-   vz 12,50 st 25,-
F 3,90 M ss 6,-   vz 9,-   st 22,50
G 2,24 M ss 10,-   vz 12,50 st 25,-
J 5,57 M ss 6,-   vz 9,-   st 22,50

5 DM

1974 5 DM-Kursmünzen

1974

D 4,63 M	ss	6,-	vz	9,-	st	20,-
F 6,55 M	ss	6,-	vz	9,-	st	20,-
G 3,74 M	ss	6,-	vz	9,-	st	20,-
J 3,00 M	ss	9,-	vz	11,-	st	20,-

1975-2001 5 DM-Kursmünzen

Diese aus MAGNIMAT bestehende 5 DM-Münze wurde von Wolfgang Doehm entworfen. Die Wertseite zeigt die Nominalangabe auf einem Viereck mit abgerundeten Ecken. Um dieses angedeutete Viereck läuft der Umschrift: DEUTSCHE MARK BUNDESREPUBLIK DEUTSCHLAND.

5 Deutsche Mark *1975-2001*

Erstausgabe: 01.02.1975
Gültig bis: 28.02.2002
Gewicht: 10 Gramm
Durchmesser: 29 mm
Material: Magnimat
Rand: „EINIGKEIT UND RECHT UND FREIHEIT", Adler
Jaegernummer: 415

Prägestätten:
A = Berlin (seit 1991)
D = München
F = Stuttgart
G = Karlsruhe
J = Hamburg

1975-1977 5 DM-Kursmünzen

1975
D 65,71 M ss 5,- vz 7,50 st 12,50
F 75,04 M ss 5,- vz 7,50 st 12,50
G 43,34 M ss 6,- vz 9,- st 15,-
J 67,41 M ss 5,- vz 7,50 st 12,50

1976
D 7,83 M ss 5,- vz 7,50 st 12,50
F 9,12 M ss 5,- vz 7,50 st 12,50
G 5,83 M ss 6,- vz 9,- st 15,-
J 8,11 M ss 5,- vz 7,50 st 12,50

1977
D 8,37 M ss 5,- vz 7,50 st 12,50
F 9,66 M ss 5,- vz 7,50 st 12,50
G 5,83 M ss 6,- vz 9,- st 15,-
J 8,63 M ss 5,- vz 7,50 st 12,50

1978-1980 5 DM-Kursmünzen

1978

D 7,87 M ss 5,- vz 7,50 st 12,50
F 9,05 M ss 5,- vz 7,50 st 12,50
G 5,24 M ss 6,- vz 9,- st 15,-
J 8,06 M ss 5,- vz 7,50 st 12,50

1979

D 7,89 M ss 5,- vz 7,50 st 12,50
F 9,09 M ss 5,- vz 7,50 st 12,50
G 5,28 M ss 6,- vz 9,- st 15,-
J 8,10 M ss 5,- vz 7,50 st 12,50

1980

D 8,43 M ss 5,- vz 7,50 st 22,50
F 9,71 M ss 5,- vz 7,50 st 22,50
G 5,65 M ss 6,- vz 9,- st 15,-
J 8,65 M ss 5,- vz 7,50 st 22,50

1981-1983 5 DM-Kursmünzen

1981

D 8,41 M	ss	5,-	vz	7,50	st	12,50
F 9,69 M	ss	5,-	vz	7,50	st	12,50
G 5,63 M	ss	6,-	vz	9,-	st	15,-
J 8,64 M	ss	5,-	vz	7,50	st	12,50

1982

D 8,98 M	ss	5,-	vz	7,50	st	12,50
F 10,34 M	ss	5,-	vz	7,50	st	12,50
G 6,00 M	ss	6,-	vz	9,-	st	15,-
J 9,22 M	ss	5,-	vz	7,50	st	12,50

1983

D 6,32 M	ss	6,-	vz	8,-	st	14,-
F 7,28 M	ss	6,-	vz	8,-	st	14,-
G 4,23 M	ss	8,-	vz	10,-	st	15,-
J 6,48 M	ss	6,-	vz	8,-	st	14,-

5 DM

1984-1986 5 DM-Kursmünzen

1984

D 6,04 M	ss	6,-	vz	8,-	st	14,-
F 6,96 M	ss	6,-	vz	8,-	st	14,-
G 4,04 M	ss	8,-	vz	10,-	st	15,-
J 6,20 M	ss	6,-	vz	0,-	ct	14,-

1985

D 4,99 M	ss	7,-	vz	10,-	st	15,-
F 5,75 M	ss	7,-	vz	10,-	st	15,-
G 3,34 M	ss	8,-	vz	12,50	st	17,50
J 5,13 M	ss	7,-	vz	10,-	st	15,-

1986

D 4,98 M	ss	9,-	vz	12,50	st	22,50
F 5,74 M	ss	9,-	vz	12,50	st	22,50
G 3,33 M	ss	11,-	vz	15,-	st	30,-
J 5,12 M	ss	9,-	vz	12,50	st	22,50

5 DM

1987-1989 5 DM-Kursmünzen

1987

D 6,81 M	ss	6,-	vz	11,-	st	17,50
F 7,85 M	ss	6,-	vz	11,-	st	17,50
G 4,54 M	ss	9,-	vz	12,50	st	22,50
J 4,85 M	ss	6,-	vz	11,-	st	17,50

1988

D 12,01 M	ss	6,-	vz	10,-	st	14,-
F 13,85 M	ss	6,-	vz	10,-	st	14,-
G 8,00 M	ss	8,-	vz	12,50	st	17,50
J 12,33 M	ss	6,-	vz	10,-	st	14,-

1989

D 17,21 M	ss	6,-	vz	9,-	st	12,50
F 19,85 M	ss	6,-	vz	9,-	st	12,50
G 11,46 M	ss	8,-	vz	10,-	st	15,-
J 17,67 M	ss	6,-	vz	9,-	st	12,50

5 DM

1990-1992 5 DM-Kursmünzen

1990

D 20,64 M | ss 6,- | vz 9,- | st 12,50
F 24,17 M | ss 6,- | vz 9,- | st 12,50
G 13,95 M | ss 8,- | vz 10,- | st 15,-
J 21,51 M | ss 6,- | vz 9,- | st 12,50

1991

A 18,00 M | ss 6,- | vz 9,- | st 12,50
D 18,90 M | ss 6,- | vz 9,- | st 12,50
F 21,60 M | ss 6,- | vz 9,- | st 12,50
G 12,60 M | ss 6,- | vz 9,- | st 12,50
J 18,90 M | ss 6,- | vz 9,- | st 12,50

1992

A 16,00 M | ss 6,- | vz 9,- | st 12,50
D 16,80 M | ss 6,- | vz 9,- | st 12,50
F 19,20 M | 30 6,- | vz 9,- | st 12,50
G 11,20 M | ss 6,- | vz 9,- | st 12,50
J 16,80 M | ss 6,- | vz 9,- | st 12,50

1993-1995 5 DM-Kursmünzen

1993

A	3,20 M	ss	8,-	vz	10,-	st	15,-
D	3,36 M	ss	8,-	vz	10,-	st	15,-
F	3,84 M	ss	8,-	vz	10,-	st	15,-
G	2,24 M	ss	9,-	vz	11,-	st	17,50
J	3,36 M	ss	8,-	vz	10,-	st	15,-

1994

A	4,00 M	ss	7,-	vz	10,-	st	15,-
D	4,20 M	ss	7,-	vz	10,-	st	15,-
F	4,80 M	ss	7,-	vz	10,-	st	15,-
G	2,80 M	ss	8,-	vz	11,-	st	17,50
J	4,20 M	ss	7,-	vz	10,-	st	15,-

Der Jahrgang 1995 wurde nur in Kursmünzensätzen ausgegeben.

1995

A	65 000	st	135,-
D	65 000	st	110,-
F	65 000	st	110,-
G	65 000	st	110,-
J	65 000	st	110,-

1996-1998 5 DM-Kursmünzen

1996

A 0,15 M	ss -,-	vz -,-	st 17,50
D 0,16 M	ss -,-	vz -,-	st 17,50
F 0,18 M	ss -,-	vz -,-	st 17,50
G 0,11 M	ss -,-	vz -,-	st 17,50
J 0,16 M	ss -,-	vz -,-	st 17,50

Die Jahrgänge 1997-2001 wurden nur in Kursmünzensätzen ausgegeben.

1997

A 135 000	st 10,-
D 135 000	st 10,-
F 135 000	st 10,-
G 135 000	st 10,-
J 135 000	st 10,-

1998

A 135 000	st 9,-
D 135 000	st 9,-
Γ 135 000	st 9,-
G 135 000	st 9,-
J 135 000	st 9,-

1999-2001 5 DM-Kursmünzen

1999

A	135 000	st	9,-
D	135 000	st	9,-
F	135 000	st	9,-
G	135 000	st	9,-
J	135 000	st	9,-

2000

A	155 000	st	9,-
D	155 000	st	9,-
F	155 000	st	9,-
G	155 000	st	9,-
J	155 000	st	9,-

2001

A	218 808	st	9,-
D	218 808	st	9,-
F	218 808	st	9,-
G	218 808	st	9,-
J	218 808	st	9,-

5 DM Gedenkmünzen

Das Schlagen von Gedenkmünzen geht zurück bis ins späte Mittelalter. Zu Geburtstags- und Todestagen, zu Hochzeiten, politischen Ereignissen oder anderen wichtigen Anlässen wurden Gedenkmünzen geprägt. Auch in der neugegründeten BRD wurde schon früh die erste Gedenkmünze hergestellt. Diese besonderen Münzen werden jeweils nur in einer der fünf deutschen Prägestätten hergestellt. Anlass war der im Jahre 1952 begangene 100. Jahrestag des Germanischen Nationalmuseums in Nürnberg. Man hatte damals lediglich 200.000 Münzen geprägt und dennoch große Mühe, diese relativ geringe Anzahl abzusetzen. 5 DM waren 1953 viel Geld und nur Wenige konnte es sich leisten Gedenkmünzen zu kaufen. Bei den ersten fünf geprägten Gedenkmünzen der BRD hätte sich die Investition allerdings gelohnt: Sie werden heute hoch gehandelt und sind bei den Sammlern sehr begehrt.

Gedenkmünze 5 DM

5 DM Gedenkmünzen

Erst mit der Münze zum 250. Geburtstag von Gottfried Wilhelm Leibniz zogen die Auflagezahlen sehr stark an: Die Auflage wurde auf zwei Millionen erhöht. Ab 1969 stiegen die Auflagezahlen weiter, bis sie mit der Gedenkmünze zum 100. Jubiläum des Deutschen Reiches 1971 acht Millionen Stück erreichte.

Im Gegensatz zur 5 DM-Kursmünze, die es schon seit 1975 nicht mehr in Silber gab, wurden Gedenkmünzen noch bis 1979 in Silber geprägt. Die Umstellung kam bei der Gedenkmünze zum 100. Geburtstag von Otto Hahn. Die Münze lag schon geprägt in den Tresoren, als die Silberspekulationen der texanischen Gebrüder Hunt den Silberpreis in astronomische Höhe trieben. Zeitweise wurde eine Feinunze mit fast 50 Dollar gehandelt. Die Gedenkmünze Otto Hahn in Silber wurde daher nicht augegeben, sondern wieder eingeschmolzen. Diese Münze wurde dann mit dem vorgesehenen Motiv in MAGNIMAT ausgegeben.

Alle folgenden 5 DM-Gedenkmünzen wurden von nun an in MAGNIMAT hergestellt. Mit der Münze zum 200. Todestag Friedrichs des Großen wurde die Reihe der 5 DM-Gedenkmünzen der BRD abgeschlossen.

1952 5 DM Gedenkmünze
Germanisches Museum

Zum 100jährigen Bestehen des Germanischen Nationalmuseums in Nürnberg. Die auf der Vorderseite gezeigte Adlerfibel wird dem Umfeld des Ostgotenkönigs Theoderich zugeordnet (5. Jh. n. Chr.).

Die Rückseite zeigt sich nahezu zweigeteilt: Aufschrift und Wertangabe obere Hälfte, Bundesadler untere Hälfte. Entwurf von Karl Roth, München.

Rand: EINIGKEIT UND RECHT UND FREIHEIT, Eichenblätter und Eicheln

Erstausgabe: 11.09.1953
Gewicht: 11,2 Gramm
Durchmesser: 29 mm

Material: Silber 625, Kupfer 375
Jaegernummer: 388

D 198.760   ss/vz 1.100,-   st 1.300,-   *D 1.240*   pp 5.000,-

1955 5 DM Gedenkmünze
Friedrich von Schiller

Zum 150. Todestag Friedrich von Schillers (*10.11.1759 Marbach, † 9.5.1805 Weimar). Schiller gehört mit den dramatischen Dichtungen „Die Räuber" und „Wilhelm Tell" zu den bedeutendsten Vertretern der Deutschen Klassik.

Die Rückseite zeigt Wertangabe, Umschrift und einen kräftigen Bundesadler. Entwurf von Prof. Alfons Feuerle, Schwäbisch Gmünd.

Rand: SEID EINIG EINIG EINIG, Lorbeerblätter und Beeren (die letzten Worte aus Schillers Drama „Wilhelm Tell").

Erstausgabe: 09.05.1955
Gewicht: 11,2 Gramm
Durchmesser: 29 mm

Material: Silber 625, Kupfer 375
Jaegernummer: 389

F 198.783   ss/vz 650,-   st 850,-   *F* 1.217   pp 3.500,-

1955 5 DM Gedenkmünze
Ludwig Wilhelm von Baden

Zum 300. Geburtstag des Markgrafen Ludwig Wilhelm von Baden. Der als „Türkenlouis" berühmte Feldherr besiegte die Türken bei Nissa (1689) und Slankamen (1691).

Die Rückseite zeigt hinter dem Bundesadler und der Wertangabe die ehemalige markgräfliche Residenz in Rastatt. Entwurf von Karl Föll, Pforzheim.

Rand: SCHILD DES REICHES, Arabesken, Stern

Erstausgabe: 01.11.1955
Gewicht: 11,2 Gramm
Durchmesser: 29 mm

Material: Silber 625, Kupfer 375
Jaegernummer: 390

G 198.000 ss/vz 650,- st 850,- *G* 2.000 pp 3.200,-

1957 5 DM Gedenkmünze
Freiherr von Eichendorff

Zum 100. Todestag des Dichters Joseph Freiherr von Eichendorff (*10.03.1788 Lubowitz, †26.11.1857 Neiße), der vor allem durch sein Stück „Aus dem Leben eines Taugenichts" bekannt wurde.

Die Rückseite zeigt Wertangabe, Umschrift und Adler. Der Entwurf der Münze stammt von Karl Roth, München. Die Randinschrift zitiert den letzten Vers aus Eichendorffs Gedicht „Heimweh".

Rand: GRÜSS DICH DEUTSCHLAND AUS HERZENSGRUND, Eichenblätter

Erstausgabe: 26.11.1957
Gewicht: 11,2 Gramm
Durchmesser: 29 mm

Material: Silber 625, Kupfer 375
Jaegernummer: 391

J 198.000   650,- st 850,- *J* 2.000   3.100,-

1964 5 DM Gedenkmünze
Johann Gottlieb Fichte

Zum 150. Todestag des Philosophen Johann Gottlieb Fichte (*19.05.1762 Rammenau, †29.1.1814 Berlin). Fichte gilt als Vertreter des Deutschen Idealismus. Seine bekannteste Schrift „Grundlage der gesamten Wissenschaftslehre" erschien 1794/95.

Die Rückseite zeigt Umschrift, Wertangabe und einen grazilen Bundesadler. Entwurf von Robert Lippl, München.

Rand: NUR DAS MACHT GLÜCKSELIG WAS GUT IST, Punkt, Arabeske

Erstausgabe: 14.03.1966 **Material:** Silber 625, Kupfer 375
Gewicht: 11,2 Gramm
Durchmesser: 29 mm **Jaegernummer:** 393
Auch ohne Randinschrift vorgekommen.

J 495.000   ss/vz 150,-   st 215,-   *J* 5.000   pp 1.100,-

1966 5 DM Gedenkmünze
Gottfried Wilhelm Leibniz

Zum 250. Todestag von Gottfried Wilhelm Leibniz (*01.07.1646, Leipzig, †14.11.1716, Hannover). Ein berühmter Satz des begeisterten Münzsammlers: „Die bestehende Welt ist die beste aller möglichen Welten".

Die Rückseite zeigt Wertangabe, Umschrift und einen Bundesadler mit geometrischen Formen. Entwurf: Ursula und Claus Homfeld, Bremen.

Rand: MAGNUM TOTIUS GERMANIAE DECUS Vierblatt, Arabeske (große Zier des ganzen Deutschlands)

Erstausgabe: 14.02.1967
Gewicht: 11,2 Gramm
Durchmesser: 29 mm
Material: Silber 625, Kupfer 375
Jaegernummer: 394
Auch ohne Randinschrift vorgekommen.

D 1,92 M   ss/vz 25,-   st 45,-   *D* 75.000   pp 175,-

1967 5 DM Gedenkmünze von Humboldt

Zum 200. Geburtstag Wilhelm von Humboldts und zur Erinnerung an seinen jüngeren Bruder Alexander. Wilhelm wurde im frühen 19. Jh. als Staatsmann, Philosoph und Sprachforscher, sein Bruder als Naturforscher und Geograph bekannt.

Die Rückseite zeigt Wertangabe, Umschrift und einen Bundesadler mit weit geöffnetem Schnabel.
Entwurf: Hermann zur Strassen, Frankfurt a.M.

Rand: FREIHEIT ERHOEHT • ZWANG ERSTICKT UNSERE KRAFT, Raute Arabeske

Erstausgabe: 06.12.1967
Gewicht: 11,2 Gramm
Durchmesser: 29 mm
Material: Silber 625, Kupfer 375
Jaegernummer: 395

Auch ohne Randinschrift vorgekommen.

F 1,94 M   25,-   45,-   *F* 60.000   250,-

1968 5 DM Gedenkmünze
Friedrich Wilhelm Raiffeisen

Zum 150. Geburtstag von Friedrich Wilhelm Raiffeisen (*30.03.1818 Hamm a.d. Sieg, †11.03. 1888 Neuwied). Raiffeisen betätigte sich als Sozialreformer und begründete die Raiffeisen-Genossenschaften.

Auf der Rückseite Wertangabe, Umschrift und ein mit langen Schwungfedern geschmückter Adler. Entwurf: Reinhart Heinsdorff, Lehen.

Rand: EINER FÜR ALLE • ALLE FÜR EINEN, Raute, Arabeske

Erstausgabe: 17.10.1968
Gewicht: 11,2 Gramm
Durchmesser: 29 mm

Material: Silber 625, Kupfer 375
Jaegernummer: 396

J 3,94 M   8,-   12,-   *J* 140.000   72,-

1968 5 DM Gedenkmünze
Johannes Gutenberg

Zum 500. Todestag von Johannes Gutenberg (* um 1395 Mainz, †1468 Mainz). Der Erfinder des Buchdrucks wurde nach seinem Haus „Zum Gutenberg" benannt. Sein ursprünglicher Name war Johannes Gensfleisch.

Auf der Rückseite Wertangabe, Umschrift und ein kurzflügliger Adler. Entwurf: Doris Waschk-Balz, Hamburg.

Rand: GESEGNET SEI WER DIE SCHRIFT ERFAND, Raute, Arabeske

Erstausgabe: 11.11.1968
Gewicht: 11,2 Gramm
Durchmesser: 29 mm

Material: Silber 625, Kupfer 375
Jaegernummer: 397

G 2,93 M   ss/vz 9,-   st 15,-   *G* 100.000   pp 105,-

1968 5 DM Gedenkmünze
Max von Pettenkofer

Zum 150. Geburtstag Max von Pettenkofers (*03.12.1818 Lichtenheim, †10.02.1901 München). Von Pettenkofer erkannte erstmals den Zusammenhang zwischen gefährlichen Seuchen und hygienischen Zuständen.

Die Rückseite zeigt Wertangabe, Umschrift und einen stark stilisierten Bundesadler. Entwurf von Karl Burgeff, Köln.

Rand: HYGIENE STREBT, DER ÜBEL WURZEL AUSZUROTTEN, Vierblatt

Erstausgabe: 18.12.1968   **Material:** Silber 625, Kupfer 375
Gewicht: 11,2 Gramm
Durchmesser: 29 mm   **Jaegernummer:** 398
Auch ohne Randinschrift vorkommend, selten.

D 2,93 M   ss/vz 9,-   st 13,-   *D* 100.000   pp 75,-

1969 5 DM Gedenkmünze
Theodor Fontane

Zum 150. Geburtstag von Theodor Fontane (*30.12.1819 Neuruppin, †20.9.1898 Berlin). Fontane kam als gelernter Apotheker spät zur Literatur. Erst 1878 veröffentlichte er sein erstes großes Werk „Vor dem Sturm".

Die Rückseite zeigt Wertangabe, Umschrift und einen Adler mit vereinfachtem Federkleid. Entwurf von Heinrich Körner, Esslingen.

Rand: DER FREIE NUR IST TREU, Arabesken

Erstausgabe: 17.11.1969
Gewicht: 11,2 Gramm
Durchmesser: 29 mm

Material: Silber 625 : Kupfer 375
Jaegernummer: 399

G 2,90 M   ss/vz 9,-   st 15,-   *G* 170.000   pp 65,-

1969 **5 DM Gedenkmünze**
Gerhard Mercator

Zum 375. Todestag von Gerhard Mercator (*03.05.1512 Rupelmonde, †02.12.1594 Duisburg). Mercator war Kartograf und Erfinder der sogenannten Mercator-Projektion, wie das Beispiel im Hintergrund der Münzvorderseite zeigt.

Die Rückseite zeigt Wertangabe, Umschrift und einen gut proportionierten Bundesadler. Entwurf von Doris Waschk-Balz, Hamburg.

Rand: TERRAE DESCRIPTIO AD USUM NAVIGANTIUM Arabeske ("Erddarstellung zum Gebrauch der Seefahrer")

Erstausgabe: 08.07.1970 **Material:** Silber 625 :
Gewicht: 11,2 Gramm Kupfer 375
Durchmesser: 29 mm **Jaegernummer:** 400
Auch ohne Randinschrift vorkommend, selten.

F 4,80 M   ss/vz 7,50   st 12,-   *F* 200.000   pp 40,-

Rand: „EINIGKEIT UND RECHT UND FREIHEIT", wenige Ex.: 3.000,-

1970 5 DM Gedenkmünze
Ludwig van Beethoven

Zum 200. Geburtstag von Ludwig van Beethoven (getauft 17.12.1770 Bonn, †26.03.1827 Wien). Beethoven gehört trotz seines zur völligen Taubheit führenden Hörleidens zu den größten deutschen Komponisten.

Die Rückseite zeigt Wertangabe, Umschrift und Bundesadler. Der Text des Randspruches entstammt aus dem Schlusschor der 9. Sinfonie. Entwurf von Siegmund Schütz, Berlin.
Rand: ALLE MENSCHEN WERDEN BRÜDER, Arabeske

Erstausgabe: 07.09.1971 **Material:** Silber 625 :
Gewicht: 11,2 Gramm Kupfer 375
Durchmesser: 29 mm **Jaegernummer:** 408
Auch ohne Randinschrift vorkommend (nur PP), selten

F 4,80 M ss/vz 7,50 st 11,- *F 200.000* pp 40,-

1971 5 DM Gedenkmünze
Deutsche Reichsgründung

Zum 100. Jahrestag der Reichsgründung (18.01.1871). Die Münze zeigt die Vorderansicht des Reichstagsgebäude mit der Inschrift: DEM DEUTSCHEN VOLKE. Ein kleines L am rechten Rand des Gebäudes weist auf den Gestalter dieser Münze hin, Prof. Robert Lippl, München.

Die Rückseite zeigt Wertangabe und die Inschrift „BUNDESREPUBLIK DEUTSCHLAND", darüber einen weit ausschwingenden Bundesadler.

Rand: EINIGKEIT UND RECHT UND FREIHEIT, Arabesken

Erstausgabe: 24.11.1971
Gewicht: 11,2 Gramm
Durchmesser: 29 mm

Material: Silber 625 : Kupfer 375
Jaegernummer: 409

G 4,80 M   ss/vz 7,50   st 10,-   *G* 200.000   pp 40,-

1971 5 DM Gedenkmünze
Albrecht Dürer

Zum 500. Geburtstag von Albrecht Dürer (*21.05.1471 Nürnberg, †06.04.1528 Nürnberg). Zu sehen ist das Monogramm des Künstlers, der unter dem Einfluss der italienischen Renaissance die Kunst des Holzschnittes zur Perfektion brachte.

Die Rückseite zeigt sich zweigeteilt: oben der Bundesadler, darunter die Inschrift „BUNDESREPUBLIK DEUTSCHLAND" mit Wertangabe. Entwurf von Prof. Fritz Nuß, Strümpfelbach.

Rand: DER ALLEREDELST SINN DER MENSCHEN IST SEHEN, Raute

Erstausgabe: 12.12.1972　**Material:** Silber 625, Kupfer 375
Gewicht: 11,2 Gramm
Durchmesser: 29 mm　**Jaegernummer:** 410

D 7,80 M　ss/vz 6,50　st 9,-　*D* 200.000　pp 40,-

1973 5 DM Gedenkmünze
Nikolaus Kopernikus

Zum 500. Geburtstag von Nikolaus Kopernikus (*19.02.1473 Thorn, †24.5.1543 Frauenburg). Die Münze zeigt das heliozentrische Weltsystem des Astronomen aus seinem Werk „Über die Kreisbewegung der Weltkörper".

Die Rückseite zeigt Wertangabe, Umschrift und einen stilisierten Bundesadler. Entwurf: Reinhart Heinsdorff, Lehen.
Rand: IN MEDIO OMNIUM RESIDET SOL drei Sterne (In der Mitte des Alls ruht die Sonne).

Erstausgabe: 17.05.1973
Gewicht: 11,2 Gramm
Durchmesser: 29 mm
Material: Silber 625, Kupfer 375
Jaegernummer: 411

J 7,75 M   ss/vz 6,50   st 9,-   *J* 250 000   pp 25,-

1973 5 DM Gedenkmünze
Nationalversammlung 1848

Gedenkmünze zum 125. Jahrestag des Zusammentritts der Frankfurter Nationalversammlung am 18.05.1848. Die Münze zeigt den Innenraum der Frankfurter Paulskirche, dem Ort der Versammlung.

Die Rückseite zeigt die Wertangabe und einen kreisförmigen Bundesadler. Der Entwurf stammt von Claus und Ursula Homfeld, Bremen.

Rand: EINIGKEIT RECHT FREIHEIT Arabesken

Erstausgabe: 11.12.1973
Gewicht: 11,2 Gramm
Durchmesser: 29 mm

Material: Silber 625, Kupfer 375
Jaegernummer: 412

G 7,75 M   ss/vz 6,50   st 9,-   *G* 250 000   pp 22,-

1974 5 DM Gedenkmünze
25 Jahre Grundgesetz

Gedenkmünze zum 25. Jubiläum des Grundgesetzes. Die gezeigten elf Wappenfelder in ihrer Verflechtung verweisen auf das föderalistische System der Bundesrepublik Deutschland seit der Einführung des Grundgesetzes am 23.05.1949.

Die Rückseite zeigt eine Darstellung des Adlers aus dem Plenarsaal des Deutschen Bundestages. Entwurf: Hubert A. Zimmermann, Stuttgart.

Rand: DIE MENSCHENWÜRDE IST UNANTASTBAR

Erstausgabe: 15.05.1974
Gewicht: 11,2 Gramm
Durchmesser: 29 mm

Material: Silber 625, Kupfer 375
Jaegernummer: 413

F 7,75 M   ss/vz 6,50   st 9,-   *F* 250 000   pp 22,-

1974 5 DM Gedenkmünze
Immanuel Kant

Zum 250. Geburtstag von Immanuel Kant (*22.04.1724 Königsberg, †12.02.1804 Königsberg). Kants Werk „Die Kritik der reinen Vernunft" dokumentiert seinen Richtungswechsel zur kritischen Philosophie.

Die Rückseite zeigt Wertangabe und Adler in der Diagonale. Entwurf: Doris Waschk-Balz, Hamburg.

Rand: ACHTUNG FUER'S MORALISCHE GESETZ, drei Punkte

Erstausgabe: 04.12.1974
Gewicht: 11,2 Gramm
Durchmesser: 29 mm

Material: Silber 625, Kupfer 375
Jaegernummer: 414

D 7,75 M   6,50   9,-   *D* 250 000   22,-

GAVIA

- Sammler-Beratung
- Marktinformation
- Nachbestellung von Münzhüllen
- Umfangreiches Zubehör- und Münzangebot

GRATIS!

- **Münzpinzette**
- **1 Original 24-Karat-vergoldete 1 DM-Münze**

(Pro Haushalt nur einmal.
Ohne Kaufverpflichtung.)

Name/Vorname

Straße/Hausnummer

Postleitzahl/Ort

Telefon/Fax (für eventuelle Rückfragen)

E-mail

Kunden Nr.

Lidl 1204

Antwort

GAVIA Münzversandhaus GmbH
Aus Freude am Sammeln
Geschäftsführer: Thomas Schantl

Max-Stromeyer-Straße 116

78456 Konstanz

Bitte mit
€ 0,45
frankieren.

Die großen Päpste

Die jetzt erschienene Gedenkmünze in reinem Silber!

Apostel Petrus, der erste Papst der Geschichte.

- Streng limitiert!
- Minimale Weltauflage!

- Zu Ehren Papst Johannes Pauls II.!
- Offizielle Gedenkmünze!

- Pures Edelmetall!
- 999er Silber!
- Höchste Prägequalität Polierte Platte!
- Inklusive Sammler-Service!

Zum sensationellen GAVIA-Erstausgabepreis!

EUR 10,–
Best.Nr. (PAPST1)

Bitte bestellen Sie umseitig!

Name/Vorname _____ Kunden-Nr. _____

Straße/Hausnummer _____

Postleitzahl/Ort | | | | | | _____

Datum _____ Unterschrift _____

Tel: 07531/45708-39 · Fax:07531/45708-99
e-mail: info@gavia.de · GAVIA im Internet: www.gavia.de

Ja, bitte senden Sie mir die erste Silbermünze »Apostel Petrus« zum exklusiven Vorzugspreis von nur € 10,–!

Inklusive Sammler-Service: Die folgenden Ausgaben der Gedenkmünzenserie »Die großen Päpste« erhalte ich ca. monatlich nach Erscheinen mit 14tägigem Rückgaberecht zur Ansicht geliefert. Insgesamt umfasst die Gedenkmünzenserie 6 Münzausgaben. (Best.Nr. PAPST1)
Natürlich können Sie den Sammler-Service jederzeit beenden, Anruf genügt.

Lidl 1204

Antwort

GAVIA Münzversandhaus GmbH
Aus Freude am Sammeln
Geschäftsführer: Thomas Schantl

Max-Stromeyer-Straße 116

78456 Konstanz

Bitte mit
€ 0,45
frankieren.

Goldmünze »Euromotiv Vatikan 2004«

Die neue Goldmünze „Euromotiv Vatikan" 2004!

- Exklusive Weltpremiere!
- 5 Dollar Goldmünze!
- 999,9er Feingold!
- 1/25 Unze!
- Luxus-Qualität Polierte Platte!
- Auflage: 2004 Exemplare!

Inklusive Sammler-Service!
Für Sie zum einmaligen Vorzugspreis!

EUR 29,95
Best.Nr. (EMG)

Name/Vorname		Kunden-Nr.
Straße/Hausnummer		
Postleitzahl/Ort		
Datum		Unterschrift

Tel: 07531/45708-39 · Fax:07531/45708-99
e-mail: info@gavia.de · GAVIA im Internet: www.gavia.de

Ja, bitte senden Sie mir die Goldmünze »Euromotiv Vatikan« zum exklusiven Vorzugspreis von nur € 29,95!

Inklusive Sammler-Service: Die folgenden Ausgaben der Goldmünzenserie »Euromotive« erhalte ich ca. monatlich nach Erscheinen mit 14tägigem Rückgaberecht zur Ansicht geliefert. (Best.Nr. EMG)
Natürlich können Sie den Sammler-Service jederzeit beenden, Anruf genügt.

Lidl 1204

Antwort

GAVIA Münzversandhaus GmbH
Aus Freude am Sammeln
Geschäftsführer: Thomas Schantl

Max-Stromeyer-Straße 116

78456 Konstanz

Bitte mit
€ 0,45
frankieren.

Die deutschen WM-Stadien 2006

Die exklusive Silbermünze jetzt noch zum Vorzugspreis!

EUR 10,–
Best.Nr. (FSD)

- Edelstes Münzmetall!
- 999er Feinsilber!
- Höchstqualität Polierte Platte!
- Streng limitierte Auflage!
- Inklusive Zertifikat und Münzkassette!
- Inklusive Sammler-Service!

Name/Vorname		Kunden Nr.
Straße/Hausnummer		
Postleitzahl/Ort		
Datum		Unterschrift

Tel: 07531/45708-39 · Fax:07531/45708-99
e-mail: info@gavia.de · GAVIA im Internet: www.gavia.de

Ja, bitte senden Sie mir die Silbergedenkmünze »Eröffnungsspiel München 2006« zum exklusiven **Vorzugspreis von nur € 10,–!**

Inklusive Sammler-Service: Die folgenden Ausgaben der Serie »Die 12 deutschen WM-Stadien erhalte ich ca. monatlich nach Erscheinen mit 14tägigem Rückgaberecht zur Ansicht geliefert. **Tiefpreis-Garantie: Jede weitere Münze unter 20 Euro.** (Best.Nr. FSD)
Natürlich können Sie den Sammler-Service jederzeit beenden, Anruf genügt.

Lidl 1204

Antwort

GAVIA Münzversandhaus GmbH
Aus Freude am Sammeln
Geschäftsführer: Thomas Schantl

Max-Stromeyer-Straße 116

78456 Konstanz

Bitte mit
€ 0,45
frankieren.

1975 5 DM Gedenkmünze
Friedrich Ebert

Zum 50. Todestag von Friedrich Ebert (*04.02.1871 Heidelberg, †28.02.1925 Berlin). Ebert war seit dem 11.2.1919 bis zu seinem Tod Reichspräsident der Weimarer Republik. Er bemühte sich um Vermittlung zwischen den politischen Gegensätzen.

Die Rückseite zeigt Wertangabe, Umschrift und einen fast die ganze Fläche ausfüllenden Bundesadler. Entwurf Reinhart Heinsdorff, Friedberg-Ottmaring.

Rand: DES VOLKES WOHL IST MEINER ARBEIT ZIEL, Arabeske

Erstausgabe: 26.02.1975 **Material:** Silber 625,
Gewicht: 11,2 Gramm   Kupfer 375
Durchmesser: 29 mm   **Jaegernummer:** 416

J 7,75 *M*   ss/vz 6,50   st 9,-   *J* 250 000   pp 22,-

1975 5 DM Gedenkmünze
Denkmalschutz

Zum Europäischen Denkmalschutzjahr 1975. Durch die Darstellung von Gebäudefassaden aus verschiedenen Stilepochen wird auf den Wandel der Geschichte im baulichen Denkmal hingewiesen.

Die Rückseite ist zweigeteilt, oben Bundesadler, unten Wertangabe und BUNDESREPUBLIK DEUTSCHLAND. Entwurf von Ursula Schmidt-Malzahn, Hamburg.

Rand: ZUKUNFT FÜR UNSERE VERGANGENHEIT (Motto des Denkmalschutzjahres 1975)

Erstausgabe: 22.10.1975
Gewicht: 11,2 Gramm
Durchmesser: 29 mm

Material: Silber 625, Kupfer 375
Jaegernummer: 417

F 7,75 M   ss/vz 6,50   st 9,-   *F* 250 000   pp 22,-

1975 5 DM Gedenkmünze
Albert Schweitzer

Zum 100. Geburtstag von Albert Schweitzer (*14.01.1875 Kaysersberg, †04.09.1965 Lambarene, Gabun). Als Arzt und Theologe lebte er nach dem Grundsatz des „unmittelbaren menschlichen Dienens". Friedensnobelpreisträgers 1952.

Rückseite mit Wertangabe, Umschrift und Adler mit weit heraus gestreckter Zunge. Entwurf von Manfred Spang, Göppingen.

Rand: EHRFURCHT VOR DEM LEBEN, Keile, Stern (Motto Schweitzers)

Erstausgabe: 03.12.1975
Gewicht: 11,2 Gramm
Durchmesser: 29 mm

Material: Silber 625, Kupfer 375
Jaegernummer: 418

G 7,75 *M*   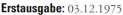 6,50   9,-   *G* 250 000   22,-

1976 5 DM Gedenkmünze von Grimmelshausen

Zum 300. Todestag von Hans Jacob Christoph von Grimmelshausen (*1621 Gelnhausen, †17.08.1676 Renchen). Als bedeutendster deutscher Barockschriftsteller prangerte der Dichter die menschlichen Schwächen, Torheit und Arroganz, an.

Die Rückseite zeigt Wertangabe, Umschrift und den Bundesadler als Fabelwesen. Entwurf von Reinhart Heinsdorff, Friedberg-Ottmaring.

Rand: DER ABENTEUERLICHE SIMPLICISSIMUS, Masken (Hauptwerk des Dichters)

Erstausgabe: 17.08.1976
Gewicht: 11,2 Gramm
Durchmesser: 29 mm

Material: Silber 625, Kupfer 375
Jaegernummer: 419

D 7,75 M   ss/vz 6,50   st 9,-   *D* 250 000   pp 22,-

1977 5 DM Gedenkmünze
Carl Friedrich Gauß

Zum 200. Geburtstag von Carl Friedrich Gauß (*30.04.1777 Braunschweig, †23.02.1855 Göttingen). Durch seine frühe Beschäftigung mit dem „Binomischen Lehrsatz" entwickelte der Mathematiker das Wesen der mathematischen Analysis.

Die Rückseite zeigt Wertangabe, Umschrift und einen Adler mit einer kräftigen Schwingenmuskulatur. Entwurf Erich Ott, München.

Rand: PAUCA SED MATURA , Sterne, Arabeske (Weniges, aber Gereiftes, Gaußsches Motto).

Erstausgabe: 26.04.1977 **Material:** Silber 625,
Gewicht: 11,2 Gramm Kupfer 375
Durchmesser: 29 mm **Jaegernummer:** 420

J 7,75 M   ss/vz 6,50   st 9,-   *J* 250 000   pp 22,-

1977 5 DM Gedenkmünze
Heinrich von Kleist

Zum 200. Geburtstag Heinrich von Kleists (*18.10.1777 Frankfurt a.d. Oder, †21.11.1811 Berlin). Kleist ist u.a. Verfasser des bekannten Bühnenstückes „Der zerbrochene Krug". Während seiner Lebzeit blieb ihm der Erfolg verwehrt.

Auf der Rückseite Wertangabe, Umschrift und ein schmaler Bundesadler. Entwurf: Klaus-Jürgen Luckey, Hamburg.

Rand: FRIEDEN IST DIE BEDINGUNG DOCH VON ALLEM GLÜCK (aus Kleists, „Familie Schroffenstein")

Erstausgabe: 18.10.1977
Gewicht: 11,2 Gramm
Durchmesser: 29 mm

Material: Silber 625 : Kupfer 375
Jaegernummer: 421

G 7,74 M   ss/vz 6,50   st 9,-   *G* 259 120   22,-

1978 5 DM Gedenkmünze *Gustav Stresemann*

Zum 100. Geburtstag von Gustav Stresemann (*10.05.1878 Berlin, †03.10.1929 Berlin). Stresemann wurde zusammen mit dem französischen Außenminister für seine befriedende Frankreichpolitik (Locarno-Verträge) 1926 mit dem Friedensnobelpreis geehrt.

Die Rückseite zeigt Wertangabe, Umschrift und einen Bundesadler mit starken Randfedern. Entwurf: Reinhart Heinsdorff, Friedberg-Ottmaring.

Rand: DURCH FRIEDEN UND VERSTÄNDIGUNG SIEGEN, Raute

Erstausgabe: 10.05.1978
Gewicht: 11,2 Gramm
Durchmesser: 29 mm

Material: Silber 625, Kupfer 375
Jaegernummer: 422

D 7,74 *M*   ss/vz 6,50   st 9,-   *D* 259 120   pp 22,-

1978 5 DM Gedenkmünze
Balthasar Neumann

Zum 225. Todestag von Balthasar Neumann (getauft 30.01.1687 Eger, †19.08.1753 Würzburg). Die zwischen 1743 bis 1772 erbaute spätbarocke Kirche Vierzehnheiligen bei Bamberg wurde von Neumann entworfen.

Die Rückseite zeigt Wertangabe, Umschrift und einen blumigen Bundesadler. Entwurf: Hubert Kinkel, Zell.

Rand: WALLFAHRTSKIRCHE VIERZEHNHEILIGEN 1743–1772

Erstausgabe: 16.08.1978
Gewicht: 11,2 Gramm
Durchmesser: 29 mm

Material: Silber 625, Kupfer 375
Jaegernummer: 423

F 7,74 M   ss/vz 6,50   st 9,-   *F* 259 120   pp 22,-

1979 5 DM Gedenkmünze
Archäologisches Institut

Zum 150. Gründungstages des Deutschen Archäologischen Instituts. Das DAI wurde am Palilienfest am 21. April 1829 aus einem Kreis privater Gelehrter gegründet, und verfügt heute über zahlreiche Dependenzen in aller Welt.

Die Rückseite zeigt Wertangabe, Umschrift und einen wohl proportionierten Bundesadler. Entwurf: Karl Föll, Pforzheim.

Rand: MONUMENTIS AC LITTERIS (für die Monumente und die schriftlichen Überlieferungen)

Erstausgabe: 18.04.1979
Gewicht: 11,2 Gramm
Durchmesser: 29 mm

Material: Silber 625, Kupfer 375
Jaegernummer: 425

J 7,74 M   ss/vz 6,50   st 9,-   *J* 259 120   PP 22,-

1979 5 DM Gedenkmünze
Otto Hahn

Zum 100. Geburtstag von Otto Hahn (*08.03.1879 Frankfurt a. M., †28.07.1968 Göttingen). Die Münze zeigt schematisch den Vorgang bei einer Kernspaltung. Hahn schuf damit die Grundlage zur Nutzung der Kernenergie. 1944 erhielt er den Nobelpreis für Chemie.

Die Rückseite ist zweigeteilt, oben der strahlenartig gestaltete Adler, unten Inschrift und Wertangabe. Entwurf von Helmut Stromsky, Esslingen.

Rand: ERSTE SPALTUNG DES URANKERNS 1938

Erstausgabe: 24.09.1979
Gewicht: 10 Gramm
Durchmesser: 29 mm
Material: Magnimat
Jaegernummer: 426

Wenige Stücke aus Silber vorhanden.

G 5,00 M   ss/vz 6,50   st 9,50   *G* 350 000   PP 16,50

1980 5 DM Gedenkmünze
Walther von der Vogelweide

Zum 750. Todestag Walthers von der Vogelweide (*um 1170, †1230). Auf dem Hintergrund einer mittelalterlichen Schrift das Bild des berühmten Dichters aus der Manessischen Liederhandschrift.

Die Rückseite zeigt Wertangabe, Umschrift und einen Adler mit stilisierten Schwingen. Entwurf von Mathias Furtmaier, Speicher.

Rand: WOL VIERZEC JAR HAB ICH GESUNGEN ODER ME

Erstausgabe: 09.12.1980
Gewicht: 10 Gramm
Durchmesser: 29 mm
Material: Magnimat
Jaegernummer: 427

D 5,00 M   6,50   9,50   *D* 350 000   16,50

1980 5 DM Gedenkmünze
Kölner Dom

Zum 100. Jahrestag der Vollendung des Kölner Doms. Der Bau des Doms zog sich über 632 Jahre von 1248 bis 1880 hin und gilt als das Hauptwerk der Hochgotik in Deutschland. Zu sehen ist die Westfassade.

Die Rückseite zeigt Wertangabe, Umschrift und ein an die Form von Kirchtürmen erinnernder Bundesadler. Entwurf von Hans Joa Dobler, Ehekirchen-Walda.

Rand: ZEUGNIS DES GLAUBENS - ZEICHEN DER EINHEIT

Erstausgabe: 22.10.1980
Gewicht: 10 Gramm
Durchmesser: 29 mm

Material: Magnimat
Jaegernummer: 428

F 5,00 M   ss/vz 6,50   st 9,50   *F* 350 000   pp 18,-

1981 5 DM Gedenkmünze
Gotthold Ephraim Lessing

Zum 200. Todestag von Gotthold Ephraim Lessing (*22.01.1729 Kamenz, †15.02.1781 Braunschweig). Der Dramatiker und Dichter erklärte die „aufrichtige Mühe," die der Mensch anwendet, um „hinter die Wahrheit zu kommen" zur Basis seines Denkens.

Rückseite zeigt Wertangabe, Umschrift und einen harmonischen Bundesadler. Entwurf: Thomas Zipperle, Pforzheim.

Rand: SIEH ÜBERALL MIT DEINEN EIGENEN AUGEN

Erstausgabe: 21.07.1981　**Material:** Magnimat
Gewicht: 10 Gramm　**Jaegernummer:** 429
Durchmesser: 29 mm

J 6,50 M　 6,50　 st 9,50　*J* 350 000　 16,50

1981 5 DM Gedenkmünze
Reichsfreiherr vom Stein

Zum 150. Todestag von Heinrich Friedrich Carl Reichsfreiherr vom und zum Stein (*26.10.1757, Nassau, †29.06.1831 Schloss Cappenberg). Vom Stein ist u.a. verantwortlich für die Befreiung der Bauern von Abgabenlast und Feudaluntertänigkeit.

Die Rückseite zeigt Wertangabe, Umschrift und einen stolzen Bundesadler. Entwurf von Erich Ott, München.

Rand: ICH HABE NUR EIN VATERLAND – DEUTSCHLAND

Erstausgabe: 24.11.1981
Gewicht: 10 Gramm
Durchmesser: 29 mm

Material: Magnimat
Jaegernummer: 430

G 6,50 M   ss/vz 6,50   st 9,-   *G* 350 000   pp 16,50

1982 5 DM Gedenkmünze
Umweltkonferenz

Zum 10. Jahrestag der Umweltkonferenz der Vereinten Nationen in Stockholm 1972. In Stockholm wurden zwischen den Industriestaaten Vereinbarungen zur Begrenzung industrieller Umweltverschmutzung getroffen.

Die Rückseite zeigt Wertangabe, Umschrift und einen Adler mit einem nahezu dreieckigen Corpus. Entwurf: Victor Huster, Baden-Baden.

Rand: DIE EINE ERDE SCHUETZEN

Erstausgabe: 11.11.1982 **Material:** Magnimat
Gewicht: 10 Gramm **Jaegernummer:** 431
Durchmesser: 29 mm

F 8,00 M ss/vz 6,50 st 9,- *F* 350 000 pp 16,50

1982 5 DM Gedenkmünze
Johann Wolfgang von Goethe

Zum 150. Todestag von Johann Wolfgang von Goethe (*28.08.1749 Frankfurt a.M., †22.03.1832 Weimar). Das Werk Goethes war prägend für die Entwicklung der Deutschen Literatur.

Die Rückseite zeigt Wertangabe, Umschrift und einen Adler mit tief angesetzten Flügeln. Entwurf von Hubert Klinkel, Zell.

Rand: ZWISCHEN UNS SEI WAHRHEIT

Erstausgabe: 07.12.1982
Gewicht: 10 Gramm
Durchmesser: 29 mm

Material: Magnimat
Jaegernummer: 432

D 8,00 M   ss/vz 6,50   st 9,-   **D** 350 000   pp 16,50

1983 5 DM Gedenkmünze
Karl Marx

Zum 100. Todestag von Karl Marx (*05.05.1818 Trier, †14.03.1883 London). Besonders in seinem Werk „Das Kapital" legte Marx den Grundstein für seine Gesellschaftstheorie.

Die Rückseite zeigt Wertangabe, Umschrift und einen großflügligen Adler. Entwurf: Erich Ott, München.

Rand: WAHRHEIT ALS WIRKLICHKEIT UND MACHT

Erstausgabe: 21.06.1983
Gewicht: 10 Gramm
Durchmesser: 29 mm

Material: Magnimat
Jaegernummer: 433

J 8,00 M   ss/vz 6,50   st 9,-   *J* 350 000   pp 16,50

1983 **5 DM Gedenkmünze**
Martin Luther

Zum 500. Geburtstag von Martin Luther (*10.11.1483 Eisleben, †18.2.1546 Eisleben). Im Oktober 1517 schlug der Reformator seine 95 Thesen gegen den päpstlichen Ablasshandel an die Kirchentür in Wittenberg, und setzte damit die größte Reform in der Geschichte der Kirche in Gang.

Die Rückseite zeigt Wertangabe, Umschrift und einen Adler, dessen lange und kurze Federn abwechseln. Entwurf: Carl Vezerfi-Clemm, München.

Rand: GOTTES WORT BLEIBT IN EWIGKEIT (Wahlspruch nach Psalm 119, Vers 89)

Erstausgabe: 10.11.1983
Gewicht: 10 Gramm
Durchmesser: 29 mm

Material: Magnimat
Jaegernummer: 434

G 8,00 M   ss/vz 6,50   st 9,-   *G* 350 000   PP 17,50

1984 5 DM Gedenkmünze
Deutscher Zollverein

Zum 150. Gründungstag des deutschen Zollvereins (01.01.1834). Die durch eine geöffnete Zollschranke fahrende Postkutsche symbolisiert den wirtschaftlichen Zusammenschluss von 18 deutschen Kleinstaaten.

Die Rückseite zeigt Wertangabe, Umschrift und einen Bundesadler mit gespreizten Schwanzfedern. Entwurf von Reinhart Heinsdorff, Friedberg-Ottmaring.

Rand: ZOLLVEREIN DEUTSCHLAND-EWG-EUROPA, Stern.

Erstausgabe: 22.05.1984   **Material:** Magnimat
Gewicht: 10 Gramm   **Jaegernummer:** 435
Durchmesser: 29 mm

D 8,00 M   ss/vz 6,50   st 9,-   *D* 350 000   pp 16,50

1984 5 DM Gedenkmünze
Mendelssohn-Bartholdy

Zum 175. Geburtstag von Felix Mendelssohn-Bartholdy (*03.02.1809 Hamburg, †04.11.1847 Leipzig). Seine Genialität offenbarte Mendelsohn besonders in seinen „Liedern ohne Worte".

Die Rückseite zeigt Wertangabe, Umschrift und einen Bundesadler mit angespanntem Körper. Entwurf von Carl Vezerfi-Clemm, München.

Rand: IHR TÖNE SCHWINGT EUCH FREUDIG DURCH DIE SAITEN (Textzeile aus seiner ältesten erhaltenen Komposition von 1819)

Erstausgabe: 24.10.1984
Gewicht: 10 Gramm
Durchmesser: 29 mm

Material: Magnimat
Jaegernummer: 436

J 8,00 M   ss/vz 6,50   st 9,-   *J* 350 000   pp 16,50

1985 5 DM Gedenkmünze
Jahr der Musik

Zum Europäischen Jahr der Musik anlässlich der 100., 300. und 400. Geburtstage großer Komponisten wie Alban Berg, Georg Friedrich Händel und Heinrich Schütz.

Die Rückseite greift die Raumaufteilung der Vorderseite auf und setzt den Bundesadler dezentriert in den linken unteren Teil der Fläche. Entwurf von Herwig Otto, Rodenbach.

Rand: SCHÜTZ BACH HÄNDEL SCARLATTI BERG

Erstausgabe: 21.05.1985　**Material:** Magnimat
Gewicht: 10 Gramm　**Jaegernummer:** 437
Durchmesser: 29 mm

F 8,00 M　 6,50　 9,50　*F* 350 000　 17,50

1985 5 DM Gedenkmünze
Eisenbahn in Deutschland

150 Jahre Eisenbahn in Deutschland. Die erste Eisenbahn fuhr am 07.12.1835 auf der Strecke von Nürnberg nach Fürth. Ärzte warnten damals vor Schwindsucht und Tod bei Geschwindigkeiten von über 30km/h.

Die Rückseite zeigt Wertangabe, Umschrift und einen Bundesadler mit kreisförmigen Gefieder. Entwurf von Erich Ott, München.

Rand: EISENBAHN NÜRNBERG – FÜRTH 7.DEZEMBER 1835

Erstausgabe: 07.11.1985
Gewicht: 10 Gramm
Durchmesser: 29 mm

Material: Magnimat
Jaegernummer: 438

G 8,00 M   ss/vz 6,50   st 9,-   *G* 350 000   pp 16,50

1986 **5 DM Gedenkmünze Universität Heidelberg**

600 Jahre Universität Heidelberg mit dem Pfälzer Löwen aus dem Rektoratssiegel des Gründungsjahres von 1386. Heidelberg ist die älteste Universität Deutschlands.

Die Rückseite zeigt Wertangabe, Umschrift und einen modernen Adler. Entwurf von Heinrich Körner, Esslingen.

Rand: AUS TRADITION IN DIE ZUKUNFT

Erstausgabe: 24.06.1986   **Material:** Magnimat
Gewicht: 10 Gramm   **Jaegernummer:** 439
Durchmesser: 29 mm

D 8,00 M   ss/vz 6,50   st 9,-   *D* 350 000   pp 16,50

1986 5 DM Gedenkmünze
Friedrich der Große

Zum 200. Geburtstag Friedrichs II. d. Gr. (*24.01.1712 Berlin, †17.08.1786 Potsdam). Der „Alte Fritz", wie der König später genannt wurde, machte nicht zuletzt durch die schlesischen Kriege Preußen zu einer Großmacht.

Die Rückseite zeigt Wertangabe, Umschrift und einen Bundesadler im Stil traditioneller Wappenadler. Entwurf von Carl Vezerfi-Clemm, München.

Rand: ICH BIN DER ERSTE DIENER MEINES STAATES (Motto Friedrichs II.)

Erstausgabe: 22.10.1986
Gewicht: 10 Gramm
Durchmesser: 29 mm

Material: Magnimat
Jaegernummer: 440

F 8,00 M   ss/vz 6,50   st 9,-   *F* 350 000   PP 17,50

10 DM Gedenkmünzen Olympia

Die zunächst geschätzten Kosten für die Olympischen Sommerspiele in München 1972 beliefen sich auf 1,58 Mrd. DM. Um den Landes- und Bundeshaushalt nicht zu stark belasten zu müssen, kamen die Organisatoren auf die Idee, eine 10 DM-Gedenkmünze zum Anlass der Spiele herauszugeben. Damit würde jedenfalls ein Teil der Kosten von den Münzsammlern getragen. Um diesen Plan in die Tat um zu setzen, war der Erlass eines neuen Gesetzes notwendig. Am 18. April 1969 wurde das „Gesetz über die Ausprägung einer Olympiamünze" erlassen. Sowohl die Bundesbank als auch das Bundesministerium der Finanzen setzten große Hoffnungen in das Projekt. Zunächst wurden 6 Mill. Stück geprägt. Da die Münze sich besser verkaufte als die Verantwortlichen zu hoffen gewagt hatten, wurden noch einmal 4 Mill. nachgeschoben. Schließlich prägte jede der vier Münzstätten 2,5 Mill. Stück.

Doch zunächst entwickelte sich noch ein Disput mit der DDR, der sich an dem Umlauftext der Münzen entzündete. In der ersten Auflage hieß die Umschrift: SPIELE DER XX. OLYMPIADE 1972 DEUTSCHLAND. Da aber Olympische Spiele stets an Städte und nie an Länder vergeben werden, wurde dem Einspruch der DDR gegen den Text stattgegeben und statt DEUTSCHLAND nun MÜNCHEN auf die Münzen geprägt. In der DDR waren die Münzen mit der Umschrift Deutschland streng verboten, erreichten aber bei den Sammlern einen um so höheren Stellenwert.

1972 **10 DM Gedenkmünze Olympia**
Strahlenspirale „Deutschland"

Im Umlauftext der Vorderseite mussten wegen Protesten der DDR die Worte IN DEUTSCHLAND gegen IN MÜNCHEN ausgetauscht werden. Olympiaden werden grundsätzlich in Städten ausgetragen.

Die Rückseite zeigt Wertangabe, Umschrift und einen stilisierten Adler. Entwurf von Greta Lippl-Heinsen, München

Rand: CITIUS ALTIUS FORTIUS (schneller, höher stärker), fünf Punkte = olymp. Ringe

Erstausgabe: 26.01.1970
Gewicht: 15,5 Gramm
Durchmesser: 32,5 mm

Material: Silber 625, Kupfer 375
Jaegernummer: 401a

D 2,38 M	ss/vz	11,-	st	18,-	**D** 125.000	pp	30,-
F 2,38 M	ss/vz	11,-	st	18,-	**F** 125.000	pp	30,-
G 2,38 M	ss/vz	11,-	st	18,-	**G** 125.000	pp	30,-
J 2,38 M	ss/vz	11,-	st	18,-	**J** 125.000	pp	30,-

1972 10 DM Gedenkmünze Olympia
Strahlenspirale „München"

Die Gestaltung der Münze ist bis auf die geänderte Umschrift (IN MÜNCHEN) beibehalten worden. Die Strahlenspirale war das Signet der Sommerspiele 1972.

Die Rückseite zeigt Wertangabe, Umschrift und einen stilisierten Adler. Entwurf von Greta Lippl-Heinsen, München

Rand: CITIUS ALTIUS FORTIUS (schneller, höher stärker), fünf Punkte = olymp. Ringe

Erstausgabe: 05 07 1972
Gewicht: 15,5 Gramm
Durchmesser: 32,5 mm

Material: Silber 625, Kupfer 375
Jaegernummer: 401b

D 2,35 M	ss/vz	11,-	st	18,-	**D** 150.000	pp	30,-
F 2,35 M	ss/vz	11,-	st	18,-	**F** 150.000	pp	30,-
G 2,35 M	ss/vz	11,-	st	18,-	**G** 150.000	pp	30,-
J 2,35 M	ss/vz	11,-	st	18,-	**J** 150.000	pp	30,-

Sehr selten vorkommend: Rand: CITIUS ALTIUS FORTIUS mit Arabesken
J 600   ☐ 1.100,-

1972 10 DM Gedenkmünze Olympia
Verschlungene Ringe

Auf dem fächerartigen Hintergrund ineinander verschlungene Ringe als Symbol für die olympische Idee.

Die Rückseite zeigt Wertangabe, Umschrift und den Bundesadler mit fächerförmigen Flügeln. Entwurf von Reinhart Heinsdorff, Lehen

Rand: CITIUS ALTIUS FORTIUS, (schneller, höher, stärker), Arabeske

Erstausgabe: 20.07.1971
Gewicht: 15,5 Gramm
Durchmesser: 32,5 mm

Material: Silber 625, Kupfer 375
Jaegernummer: 402

D 4,88 M	ss/vz	9,-	st	17,-	**D** 125.000	pp	28,-
F 4,88 M	ss/vz	9,-	st	17,-	**F** 125.000	pp	28,-
G 4,88 M	ss/vz	9,-	st	17,-	**G** 125.000	pp	28,-
J 4,88 M	ss/vz	9,-	st	17,-	**J** 125.000	pp	28,-

Sehr selten vorkommend: Vorderseite: „....IN DEUTSCHLAND"

ca. 20   ☐ Liebhaberpreis

1972 **10 DM Gedenkmünze Olympia**
Sportlerin und Sportler

Ein Sportler mit Ball und eine Sportlerin mit Stab erinnern in ihrer Nacktheit an die Natürlichkeit des Sports.

Die Rückseite zeigt Wertangabe, Umschrift und den Bundesadler mit befiedertem Körper. Entwurf von Siegmund Schütz, Berlin.

Rand: CITIUS ALTIUS FORTIUS (schneller, höher, stärker), Arabesken

Gedenkmünze Olympia

Erstausgabe: 08.12.1971
Gewicht: 15,5 Gramm
Durchmesser: 32,5 mm

Material: Silber 625, Kupfer 375
Jaegernummer: 403

D 4,85 M	ss/vz	9,-	st	17,-	*D* 150.000	pp	28,-
F 4,85 M	ss/vz	9,-	st	17,-	*F* 150.000	pp	28,-
G 4,85 M	ss/vz	9,-	st	17,-	*G* 150.000	pp	28,-
J 4,85 M	ss/vz	9,-	st	17,-	*J* 150.000	pp	28,-

1972 10 DM Gedenkmünze Olympia
Olympiastadion

Die Münze zeigt den zeltartig überdachten Teil des olympischen Geländes mit dem Stadion aus der Vogelperspektive.

Die Rückseite zeigt Umschrift, Wertangabe und einen sehr lebendigen Bundesadler. Der Entwurf stammt von Doris Waschk-Balz, Hamburg.

Rand: CITIUS ALTIUS FORTIUS (schneller, höher, stärker), Arabesken

Erstausgabe: 09.05.1972
Gewicht: 15,5 Gramm
Durchmesser: 32,5 mm

Material: Silber 625, Kupfer 375
Jaegernummer: 404

D 4,85 M	ss/vz	9,-	st	17,-	*D* 150.000	pp	28,-
F 4,85 M	ss/vz	9,-	st	17,-	*F* 150.000	pp	28,-
G 4,85 M	ss/vz	9,-	st	17,-	*G* 150.000	pp	28,-
J 4,85 M	ss/vz	9,-	st	17,-	*J* 150.000	pp	28,-

1972 10 DM Gedenkmünze Olympia
Olympisches Feuer

Die Vorderseite zeigt die Strahlenspirale, das olympische Feuer und die olympischen Ringe.

Die Rückseite zeigt Umschrift, Wertangabe und einen schützenden Bundesadler. Entwurf von Siegmund Schütz, Berlin.

Rand: CITIUS ALTIUS FORTIUS (schneller, höher, stärker), Arabesken

Erstausgabe: 22.08.1972　**Material:** Silber 625, Kupfer 375
Gewicht: 15,5 Gramm
Durchmesser: 32,5 mm　**Jaegernummer:** 405

D 4,85 M	ss/vz	9,-	st	17,-	*D* 150.000	pp	28,-
F 4,85 M	ss/vz	9,-	st	17,-	*F* 150.000	pp	28,-
G 4,85 M	ss/vz	9,-	st	17,-	*G* 150.000	pp	28,-
J 4,85 M	ss/vz	9,-	st	17,-	*J* 150.000	pp	28,-

10 DM Gedenkmünzen

Nachdem 1986 die letzte 5 DM-Gedenkmünze ausgegeben worden war, brachte die BRD ein Jahr später die erste silberne 10 DM-Gedenkmünze auf den Markt. Für die Ausgabe des neuen Nominals war eine Gesetzesneuerung notwendig. Am 20.12.1986 erschien im Bundesgesetzblatt: „Scheidemünzen über 10 Deutsche Mark können ausgeprägt werden". (Scheidemünzen sind im eigentlichen Sinne Kleinmünzen, um damit kleinere Wertdifferenzen zwischen Käufer und Verkäufer auszugleichen, d.h. die an einem Geschäft beteiligten Leute friedlich „zu scheiden").

Die Münzen wurden in einer Silberlegierung (625 Teile Silber, 375 Teile Kupfer) hergestellt. Dies entsprach dem Herstellungsmaterial der ursprünglichen 5 DM-Münzen und der Legierung der Olympiamünzen. 1998 wurde die Legierung mit der Münze „350 Jahre Westfälischer Friede" geändert und die 10 DM-Gedenkmünzen fortan aus Sterlingsilber gefertigt. (925 Teile Silber, 75 Teile Kupfer).

Jede Ausgabe einer 10 DM-Gedenkmünze wird jeweils von einer anderen Münzstätte geprägt. Beginnend mit der Gedenkmünze zum 500. Geburtstag Philipp Melanchthons 1997 wechselte bei der Stempelglanz-Qualität nach wie vor die Münzstätte, doch wurde von jeder der fünf Münzprägeanstalten (A, D, F, G, J) eine Polierte Platte (PP) Version hergestellt. 10 DM-Gedenkmünzen wurden bis zur Einführung des Euro kontinuierlich ausgegeben.
2001 erschienen die letzten Gedenkmünzen im Nennwert von 10 DM.

1987 10 DM Gedenkmünze
750 Jahre Berlin

Die Münze zeigt einen aus Häusern zusammengesetzten Berliner Bären. Die Zweiteilung des Tieres symbolisiert die Berliner Mauer. In seinen Tatzen hält der Bär das Stadtsiegel von 1338.

Die Rückseite zeigt Wertangabe, Umschrift und einen aus Ziegelsteinen gebildeten Adler. Entwurf Reinhart Heinsdorff, Friedberg-Ottmaring.

Rand: EINIGKEIT UND RECHT UND FREIHEIT

Erstausgabe: 30.04.1987
Gewicht: 15,5 Gramm
Durchmesser: 32,5 mm

Material: Silber 625 : Kupfer 375
Jaegernummer: 441

J 8,00 M   ss/vz 15,-   st 20,-   *J* 350.000   pp 95,-

1987 10 DM Gedenkmünze
Europäische Gemeinschaft

1957 wurde in Rom von zwölf europäischen Ländern die EWG gegründet. Die 12 Pferde symbolisieren die teilnehmenden Staaten, der römische Triumphwagen den Erfolg der Konferenz.

Die Rückseite zeigt Wertangabe, Umschrift und einen friedfertigen Bundesadler. Entwurf Reinhart Heinsdorff, Friedberg-Ottamring.

Rand: ADENAUER, BECH, DE GASPERI, LUNS, SCHUMAN, SPAAK.

Erstausgabe: 25.11.1987
Gewicht: 15,5 Gramm
Durchmesser: 32,5 mm

Material: Silber 625, Kupfer 375
Jaegernummer: 442

G 9,00 M   14,-   st 18,-   *G* 350.000   PP 60,-

1988 **10 DM Gedenkmünze**
Arthur Schopenhauer

Zum 200. Geburtstag des Philosophen (*22.02.1788, Danzig, †21.09.1860, Frankfurt a.M.). Schopenhauer gilt als antiidealistischer Philosoph mit pessimistischer Grundstimmung.

Die Rückseite zeigt Wertangabe, Umschrift und einen emporstrebenden Bundesadler. Entwurf Hans Joa Dobler, Ehekirchen-Walda.

Rand: DIE WELT ALS WILLE UND VORSTELLUNG (wichtigste Schrift Schopenhauers).

Erstausgabe: 21.09.1988
Gewicht: 15,5 Gramm
Durchmesser: 32,5 mm

Material: Silber 625, Kupfer 375
Jaegernummer: 443

D 8,00 M   12,-   18,- *D* 350.000   45,-

Gedenkmünze 10 DM

1988 **10 DM Gedenkmünze**
Carl Zeiss

Zum 100. Todestag von Carl Zeiss (*11.09.1816 Weimar, †03.12.1888 Jena). Im Jahre 1846 gründete Zeiss seine feinmechanisch-optische Werkstatt in Jena. Ein Jahr später fertigte er dort sein erstes Mikroskop.

Die Rückseite zeigt das Nominal, Umschrift und einen flammenden Adler. Entwurf von Carl Vezerfi-Clemm, München.

Rand: OPTIK FÜR WISSENSCHAFT UND TECHNIK

Erstausgabe: 23.11.1988 **Material:** Silber 625,
Gewicht: 15,5 Gramm Kupfer 375
Durchmesser: 32,5 mm **Jaegernummer:** 444

F 8,00 M   ss/vz 12,-   st 18,-   *F* 350.000   pp 35,-

1989 **10 DM Gedenkmünze**
Bundesrepublik Deutschland

Am 23. Mai 1989 wurde die BRD 40 Jahre alt. An diesem Tag wurde 1949 das Grundgesetz verkündet. Die durch feste Stricke verbundenen Wappen symbolisieren die Einheit der elf Bundesländer, einschließlich West-Berlins.

Die Rückseite zeigt Wertangabe, Umschrift und einen aus Stricken gebildeten Bundesadler. Der Entwurf stammt von Reinhart Heinsdorff, Friedberg-Ottmaring.

Rand: 40 JAHRE FRIEDEN UND FREIHEIT

Erstausgabe: 17.05.1989
Gewicht: 15,5 Gramm
Durchmesser: 32,5 mm

Material: Silber 625, Kupfer 375
Jaegernummer: 446

G 8,00 M   ss/vz 12,-   st 18,-   *G* 350.000   PP 45,-

1989 10 DM Gedenkmünze
2000 Jahre Bonn

1989 bestand Bonn seit 2000 Jahren. Die linke Hälfte der Münze zeigt Baudenkmäler vom römischen Grabstein bis zum Godesberg, die rechte Seite nimmt ein idealtypischer Stadtgrundriss des Bonner Astronomen Argelander ein.

Die Rückseite zeigt Wertangabe, Umschrift und einen Adler mit kräftigem Körperbau. Entwurf Paul Effert, Kaarst.

Rand: BONN BLÜHE UND BLEIBE

Erstausgabe: 20.09.1989
Gewicht: 15,5 Gramm
Durchmesser: 32,5 mm

Material: Silber 625, Kupfer 375
Jaegernummer: 447

 8,00 M   12,-   18,-   350.000   35,-

1989 10 DM Gedenkmünze
800 Jahre Hafen und Hamburg

Am 7. Mai 1189 erhielt Hamburg Privilegien von Kaiser Friedrich I. Damit begann der Aufstieg Hamburgs zur bedeutenden Handelsstadt. Das abgebildete Tor über den Wellen ist das Stadtwappen und auch auf Hamburgs Talern abgebildet.

Die Rückseite zeigt das Nominal, die Umschrift und einen zierlichen Bundesadler. Entwurf von Klaus Luchey, Hamburg.

Rand: HAMBURG TOR ZUR WELT

Erstausgabe: 08.11.1989
Gewicht: 15,5 Gramm
Durchmesser: 32,5 mm

Material: Silber 625, Kupfer 375
Jaegernummer: 448

J 8,00 M   12,-   18,-   *J* 350.000   35,-

1990 10 DM Gedenkmünze
Friedrich I.

Zum 800. Todestag Kaiser Friedrichs I. Barbarossa (*1122, †10.07.1190). Die Darstellung des Kaisers innerhalb der Stadtmauern Jerusalems ist eine genaue Kopie seiner Königsbulle (Siegel).

Die Rückseite zeigt Wertangabe, Umschrift und einen scheinbar eine Rüstung tragenden Adler. Entwurf Eugen Ruhl, Pforzheim.

Rand: HONOR IMPERII
(Ehre des Reiches)

Erstausgabe: 08.06.1990 **Material:** Silber 625,
Gewicht: 15,5 Gramm Kupfer 375
Durchmesser: 32,5 mm **Jaegernummer:** 449

F 7,45 M ss/vz 12,- st 18,- *F* 400.000 pp 27,-

1990 10 DM Gedenkmünze
Deutscher Orden

Zum 800. Jahrestag des Deutschen Ordens. Der Deutsche Orden wurde 1190 in Akkon als Spitalorden gegründet. Unter dem Zeichen des Kreuzes (Ordenswappen) wandte sich der Orden seit 1198 auch militärischen Zwecken zu.

Die Rückseite zeigt Wertangabe, Umschrift und einen sehr muskulösen Adler. Entwurf Hubert Klinkel, Zell.

Rand: ES BLEIB IN GEDÄCHTNIS SO LANG GOTT WILL

Erstausgabe: 04.09.1991
Gewicht: 15,5 Gramm
Durchmesser: 32,5 mm

Material: Silber 625, Kupfer 375
Jaegernummer: 451

J 8,40 M   12,-   18,- *J* 450.000   25,-

1991 **10 DM Gedenkmünze Brandenburger Tor**

200 Jahre Brandenburger Tor. Anstelle des alten Stadttores wurde von 1789-1791 das neue Tor nach einem klassizistischen Entwurf von C.G. Langhans als Abschluss der Straße „Unter den Linden" erbaut.

Die Rückseite zeigt Wertangabe, Umschrift und einen eleganten Bundesadler. Entwurf Erich Ott, München.

Rand: DEUTSCHLAND EINIG VATERLAND, drei Sterne

Erstausgabe: 18.12.1991
Gewicht: 15,5 Gramm
Durchmesser: 32,5 mm

Material: Silber 625, Kupfer 375
Jaegernummer: 452

A 8,40 M   15,-   20,-   *A* 450.000   30,-

1992 10 DM Gedenkmünze
Käthe Kollwitz

Zum 125. Geburtstag von Käthe Kollwitz (*08.07.1867 Königsberg, †22.04.1945 Moritzburg). Die auf Graphiken spezialisierte Künstlerin widmete sich sozialkritischen Themen und agierte auch in der Zeit des Nationalsozialismus offen gegen den Krieg.

Die Rückseite zeigt das Nominal, die Umschrift und einen Adler im Kohle-Kreide-Stil der Künstlerin. Entwurf Reinhart Heinsdorff, Friedberg-Ottmaring.
Rand: ICH WILL WIRKEN IN DIESER ZEIT, drei Sterne

Erstausgabe: 03.07.1992
Gewicht: 15,5 Gramm
Durchmesser: 32,5 mm
Material: Silber 625, Kupfer 375
Jaegernummer: 453

G 8,00 M ss/vz 12,- st 18,- *G* 450.000 PP 25,-

1992 **10 DM Gedenkmünze**
Orden Pour le Mérite

1842 stiftete Friedrich Wilhelm IV. auf Anregung von Alexander von Humboldt (Münzvorderseite) eine Friedensklasse des Ordens mit den Abteilungen Geisteswissenschaften, Naturwissenschaften und Medizin sowie den Schönen Künsten.

Die Rückseite zeigt Wertstellung, Umschrift und einen klassischen Bundesadler. Entwurf Werner Godec, Pforzheim.

Rand: GEMEINSCHAFT VON GELEHRTEN UND KÜNSTLERN, Raute

Erstausgabe: 09.12.1992
Gewicht: 15,5 Gramm
Durchmesser: 32,5 mm

Material: Silber 625, Kupfer 375
Jaegernummer: 454

D 8,00 M   ss/vz 12,-   st 18,-   *D* 450.000   pp 25,-

1993 10 DM Gedenkmünze
1000 Jahre Potsdam

993 erwähnte Otto III. den Ort „Poztupimi" erstmals in einer Schenkungsurkunde. Auf der Münze sind Sanssouci, das Stadtschloss und der Einsteinturm zu sehen.

Die Rückseite zeigt das Nominal, die Umschrift und einen auf seinen Füssen stehenden Adler. Entwurf Erich Ott, München.

Rand: DAS GANZE EILAND MUSS EIN PARADIES WERDEN, Raute.

Erstausgabe: 16.06.1993
Gewicht: 15,5 Gramm
Durchmesser: 32,5 mm

Material: Silber 625, Kupfer 375
Jaegernummer: 455

F 8,00 M   ss/vz 12,-   st 18,-   **F** 450.000   pp 25,-

1993 10 DM Gedenkmünze
Robert Koch

Zum 150. Geburtstag Robert Kochs (*11.12.1843 Clausthal, †27.5.1910 Baden-Baden). Koch ist einer der berühmtesten Bakteriologen überhaupt. 1905 erhielt er den Nobelpreis für Medizin „für seine Untersuchungen und Entdeckungen auf dem Gebiet der Tuberkulose".

Die Rückseite zeigt das Nominal, die Umschrift und einen Adler mit schmetterlingsartigen Flügeln.
Entwurf Hubert Klinkel, Zell.

Rand: MITBEGRÜNDER DER BAKTERIOLOGIE, zwei gekreuzte Eichenblätter.

Erstausgabe: 09.02.1994
Gewicht: 15,5 Gramm
Durchmesser: 32,5 mm

Material: Silber 625, Kupfer 375
Jaegernummer: 456

J 7,00 M   12,-   18,- *J* 450.000   25,-

1994 10 DM Gedenkmünze
50. Jahrestag des 20. Juli

An diesem Tag im Jahre 1944 fand das fehlgeschlagene Attentat von Graf Schenk von Stauffenberg auf Adolf Hitler statt. Eine Welle von Hinrichtungen war die Folge dieser mutigen Tat, der rund 4.900 Menschen zum Opfer fielen.

Die Rückseite zeigt das Nominal, die Umschrift und den Adler, dessen rechter Flügel gekettet auf der Vorderseite zu sehen ist. Entwurf Paul Effert, Kaarst.

Rand: WIDERSTAND GEGEN DEN NATIONALSOZIALISMUS, Raute

Erstausgabe: 06.07.1994
Gewicht: 15,5 Gramm
Durchmesser: 32,5 mm

Material: Silber 625, Kupfer 375
Jaegernummer: 457

A *7,00 M* ss/vz 12,- st 18,- *A* *450.000* PP 25,-

1994 **10 DM Gedenkmünze**
Johann Gottfried Herder

Zum 250. Geburtstag Herders (*25.08.1744 Mohrungen, †18.12.1803 Weimar). Nach Meinung Herders wird der Mensch erst durch die Sprache zum Menschen. Herder nahm bedeutenden Einfluss auf die Deutsche Klassik.

Die Rückseite zeigt das Nominal, die Wertstellung, Umschrift und einen Adler mit langen Federn. Entwurf Wolfgang Th. Doehm, Stuttgart.

Rand: HUMANITÄT IST DER ZWECK DER MENSCHENNATUR, Raute

Erstausgabe: 15.11.1994　**Material:** Silber 625, Kupfer 375
Gewicht: 15,5 Gramm
Durchmesser: 32,5 mm　**Jaegernummer:** 458

G 7,00 M　ss/vz 12,-　st 18,-　*G* 450.000　pp 25,-

1995 10 DM Gedenkmünze
Frauenkirche Dresden

Vor 50 Jahren wurde die Frauenkirche in der Nacht vom 13. zum 14.02.1945 zerstört. Hinter den naturalistisch dargestellten Ruinen zeigt sich der aus einzelnen Buchstaben zusammengesetzte Kirchenbau, der inzwischen wiedererrichtet wurde.

Die Rückseite zeigt das Nominal, die Umschrift und einen Adler mit aus Steinen gebauten Flügeln. Entwurf Reinhart Heinsdorff, Friedberg-Ottmaring.

Rand: STEINERNE GLOCKE - SYMBOL FÜR TOLERANZ, Raute (Bezeichnung für die Kuppel)

Erstausgabe: 03.05.1995
Gewicht: 15,5 Gramm
Durchmesser: 32,5 mm

Material: Silber 625, Kupfer 375
Jaegernummer: 460

J 7,00 M   12,-   18,-   *J* 450.000   25,-

1995 10 DM Gedenkmünze
Wilhelm Conrad Röntgen

Zum 150. Geburtstag Röntgens (*27.03.1845 Lennep, †10.02.1923 München) und zur 100. Jahrfeier der später nach ihm benannten X-Strahlen. (08.11.1845 Würzburg). Für seine Entdeckung erhielt Röntgen 1901 den ersten Nobelpreis für Physik.

Die Rückseite zeigt oben die Wertstellung, im mittleren Teil den Adler und darunter die Hoheitsangabe. Entwurf Claus und Ursula Homfeld, Bremen.
Rand: ERSTER NOBELPREIS FÜR PHYSIK 1901, Raute.

Erstausgabe: 13.09.1995
Gewicht: 15,5 Gramm
Durchmesser: 32,5 mm

Material: Silber 625, Kupfer 375
Jaegernummer: 461

G 6,50 M   ss/vz 12,-   st 18,-   **G** 400.000   PP 25,-

1995 10 DM Gedenkmünze
Heinrich der Löwe

Zum 800. Todestag von Heinrich dem Löwen (*um 1129, †06.08.1195 Braunschweig). Wie die Umschrift berichtet, war Heinrich Herzog von Bayern und Sachsen. Der Löwe ist der Darstellung auf dem Königsmantel seines Sohnes Ottos III. nachempfunden.

Die Rückseite zeigt Wertangabe, die aufgeteilte Umschrift und einen schmalen, langgestreckten Adler. Entwurf Hubert Klinkel, Zell.

Rand: HEINRICH DER LOEWE AUS KAISERLICHEM STAMM, Löwen

Erstausgabe: 05.12.1995
Gewicht: 15,5 Gramm
Durchmesser: 32,5 mm

Material: Silber 625, Kupfer 375
Jaegernummer: 462

F 6,50 M   ss/vz 12,-   st 18,-   **F** 400.000   PP 35,-

1996 **10 DM Gedenkmünze** *Kolping-Werk*

Zum 150. Jahrestags der von Adolf Kolping (*08.12.1813 Kerpen, †04.12.1865 Köln) gegründeten und später weltweit verbreiteten sozialen Einrichtung. Kolping bemühte sich besonders darum, die soziale Situation der Gesellen zu verbessern.

Die Rückseite zeigt das Nominal, die Umschrift und einen leicht nach rechts gebeugten Adler. Entwurf Reinhart Heinsdorff, Friedberg-Ottmaring.

Rand: KOLPING-WERK 1846-1996, Raute

Erstausgabe: 21.08.1996
Gewicht: 15,5 Gramm
Durchmesser: 32,5 mm

Material: Silber 625, Kupfer 375
Jaegernummer: 463

A 5,60 M   12,-   18,-   **A** 400.000   25,-

1997 **10 DM Gedenkmünze**
Philipp Melanchthon

Zum 500. Geburtstag des Reformators Melanchthon (*16.02.1497 Bretten, †19.04.1560 Wittenberg). Melanchthon war ein Parteigänger Luthers, der durch seine vermittelnden Formulierungen der Reformation manchen Weg geebnet hat.

Die Rückseite zeigt das Nominal, die Umschrift und einen Adler mit aufgeplustertem Körper. Entwurf Hubert Klinkel, Zell.

Rand: ZUM GESPRAECH GEBOREN

Erstausgabe: 13.02.1997
Gewicht: 15,5 Gramm
Durchmesser: 32,5 mm

Material: Silber 625, Kupfer 375
Jaegernummer: 464

J	3,00 M	ss/vz	12,-	st	18,-	A	150.000	pp	45,-
						D	150.000	pp	45,-
						F	150.000	pp	45,-
						G	150.000	pp	45,-
						J	150.000	pp	45,-

1997 10 DM Gedenkmünze
100 Jahre Dieselmotor

1897 lief der erste von Rudolf Diesel (*18.03.1858 Paris, †29.09.1913 Ärmelkanal) entwickelte Verbrennungsmotor, der mit Leichtöl betrieben wurde. Die Münze zeigt einen Querschnitt durch diesen ersten Dieselmotor.

Die Rückseite zeigt das Nominal, die Umschrift und einen zierlichen Bundesadler. Entwurf Heinz Joa Dobler, Ehekirchen-Walda.

Rand: GEDANKEN SIND DER MOTOR DER WELT

Erstausgabe: 28.08.1997
Gewicht: 15,5 Gramm
Durchmesser: 32,5 mm

Material: Silber 625, Kupfer 375
Jaegernummer: 465

F 3,00 M	ss/vz 12,-	st 18,-	*A* 150.000	pp	35,-
			D 150.000	pp	35,-
			F 150.000	pp	35,-
			G 150.000	pp	35,-
			J 150.000	pp	35,-

1997 10 DM Gedenkmünze
Heinrich Heine

Zum 200.Geburtstag des im Ausland bekanntesten deutschen Dichters (*13.12.1797 Düsseldorf, †17.02.1856 Paris). Der Hintergrund zeigt die ersten beiden Strophen seines Gedichtes „Loreley". Unter dem Brustbild in französischer Sprache „Gut, dieser Mensch bin ich".

Die Rückseite zeigt das Nominal, die Umschrift und einen scheinbar im Sturm stehenden Adler. Entwurf Reinhart Heinsdorff, Friedberg-Ottmaring.

Rand: DEUTSCHLAND - DAS SIND WIR SELBER 1833

Erstausgabe: 06.11.1997　**Material:** Silber 625, Kupfer 375
Gewicht: 15,5 Gramm
Durchmesser: 32,5 mm　**Jaegernummer:** 466

D 3,00 M	ss/vz	12,-	st	18,-	*A* 150.000	PP 35,-
					D 150.000	PP 35,-
					F 150.000	PP 35,-
					G 150.000	PP 35,-
					J 150.000	PP 35,-

1998 10 DM Gedenkmünze
Westfälischer Frieden

Zum 350. Jahrestag des Westfälischen Friedens (24.10.1648), der den Dreißigjährigen Krieg endgültig beendete. Der Friede wurde zwischen dem Kaiser, den protestantischen Reichsständen und Schweden in Osnabrück und Münster vereinbart.

Die Rückseite zeigt das Nominal, die Umschrift und einen sich scheinbar bewegenden Adler. Entwurf Aase Thorsen, Neuberg.

Rand: FRIED ERNAERT UNFRIED VERZEHRT

Erstausgabe: 12.03.1998
Gewicht: 15,5 Gramm
Durchmesser: 32,5 mm

Material: Silber 925, Kupfer 75
Jaegernummer: 467

J 3,50 M	ss/vz 11,-	st 17,50	**A** 200.000	pp	35,-
			D 200.000	pp	35,-
			F 200.000	pp	35,-
			G 200.000	pp	35,-
			J 200.000	pp	35,-

1998 10 DM Gedenkmünze
Hildegard von Bingen

Zum 900. Geburtstag der Visionärin und Heilerin (*1098, †17.09.1179). Die wichtigste Schrift Hildegards „Scivias" (Wisse die Wege) fasst ihre mystisch-prophetischen Visionen zusammen. Daneben gibt es von ihr Schriften über eine gesunde Lebensführung.

Die Rückseite zeigt das Nominal, die Umschrift und einen Adler mit lilienförmigen Schwanzfedern. Entwurf Carl Vezerfi-Clemm, München.

Rand: WISSE DIE WEGE DES HERRN, zwei Sterne

Erstausgabe: 16.04.1998
Gewicht: 15,5 Gramm
Durchmesser: 32,5 mm

Material: Silber 925, Kupfer 75
Jaegernummer: 468

G 3,50 M	ss/vz 11,-	st 17,50	**A** 200.000	pp 35,-
			D 200.000	pp 35,-
			F 200.000	pp 35,-
			G 200.000	pp 35,-
			J 200.000	pp 35,-

1998 10 DM Gedenkmünze
50 Jahre Deutsche Mark

Am 20. Juni 1948 wurde nach der Währungsreform die Deutsche Mark eingeführt. Die Gedenkmünze bildet die 1, 2 und 5 DM Münzen der BRD ab.

Die Rückseite zeigt sich nahezu zweigeteilt. In der oberen Hälfte Wertstellung und Währungsangabe, darunter der Bundesadler. Entwurf u.a. Ulrich von Chrzanowski, Berlin.

Rand: EINIGKEIT UND RECHT UND FREIHEIT, Raute

Erstausgabe: 19.06.1998　**Material:** Silber 925,
Gewicht: 15,5 Gramm　　Kupfer 75
Durchmesser: 32,5 mm　**Jaegernummer:** 469

F 3,50 M	ss/vz 12,-	st 22,-	*A* 200.000	pp	40,-
			D 200.000	pp	40,-
			F 200.000	pp	40,-
			G 200.000	pp	40,-
			J 200.000	pp	40,-

1998 **10 DM Gedenkmünze**
Franckesche Stiftungen

Zum 300. Jahrestag der von August Hermann Francke (*22.3.1662, †08.06.1727) gegründeten sog. „Franckeschen Anstalten" (Armenschule mit Waisenhaus, bürgerlicher Lateinschule, adeliges Pädagogium).

Die Rückseite zeigt sich zweigeteilt, oben Bundesadler, untere Hälfte Staatshoheit und Wertstellung. Entwurf Heinz Hoyer, Berlin.

Rand: ER VERTRAUETE GOTT

Erstausgabe: 10.09.1998
Gewicht: 15,5 Gramm
Durchmesser: 32,5 mm

Material: Silber 925, Kupfer 75
Jaegernummer: 470

F 3,50 M	ss/vz 11,-	st 17,50	**A** 200.000	pp 35,-
			D 200.000	pp 35,-
			F 200.000	pp 35,-
			G 200.000	pp 35,-
			J 200.000	pp 35,-

1999 **10 DM Gedenkmünze**
50 Jahre Grundgesetz

Am 23.05.1949 trat das Grundgesetz der BRD in Kraft, das die persönlichen Freiheitsrechte seiner Bürger garantiert. Die Münze zeigt in konzentrischer Form einen Textauszug.

Die Rückseite zeigt das Nominal, Umschrift und einen kleinen, zentrierten Bundesadler. Entwurf Heinz Joa Dobler, Ehekirchen-Walda.

Rand: FÜR DAS GESAMTE DEUTSCHE VOLK, Raute

Erstausgabe: 21.05.1999
Gewicht: 15,5 Gramm
Durchmesser: 32,5 mm

Material: Silber 925, Kupfer 75
Jaegernummer: 471

D 3,00 M   ss/vz 11,-   st 18,-

A 160.000   pp 35,-
D 160.000   pp 35,-
F 160.000   pp 35,-
G 160.000   pp 35,-
J 160.000   pp 35,-

1999 10 DM Gedenkmünze
SOS-Kinderdörfer

1949 gründete Hermann Gmeiner angesichts der unzähligen Kriegswaisen nach dem Zweiten Weltkrieg in Imst/Tirol das erste SOS-Kinderdorf. Die Gedenkmünze zeigt das Emblem der Organisation in einem symbolischen Netzwerk.

Die Rückseite trägt das Nominal, die Umschrift und einen dem Netzwerk entsprechenden Adler. Entwurf Mathias Furthmair, Spaicher

Rand: SOS-KINDERDÖRFER EINE IDEE FÜR DIE WELT, Sterne

Erstausgabe: 10.06.1999
Gewicht: 15,5 Gramm
Durchmesser: 32,5 mm

Material: Silber 925, Kupfer 75
Jaegernummer: 472

J 3,00 M   ss/vz 11,-   st 17,50   **A** 160.000   pp 35,-
D 160.000   pp 35,-
F 160.000   pp 35,-
G 160.000   pp 35,-
J 160.000   pp 35,-

1999 10 DM Gedenkmünze
Johann Wolfgang von Goethe

Am 28.08.1999 wurde der 250. Geburtstag von Johann Wolfgang von Goethe und im gleichen Jahr Weimar als Kulturstadt Europas gefeiert. Der Größte aller deutschen Dichter wird in einem Jugendbildnis dargestellt, daneben die Namen weiterer Weimarer Künstler.

Die Rückseite zeigt den Nennwert, die zweigeteilte Umschrift und einen Adler mit weich gezeichnetem Gefieder. Entwurf Frantisek Chochola, Hamburg.

Rand: WIRKE GUT SO WIRKST DU LÄNGER, Raute

Erstausgabe: 12.08.1999
Gewicht: 15,5 Gramm
Durchmesser: 32,5 mm
Material: Silber 925, Kupfer 75
Jaegernummer: 373

F 3,00 M	ss/vz 11,-	st 17,50	**A** 160.000	pp 35,-
			D 160.000	pp 35,-
			F 160.000	pp 35,-
			G 160.000	pp 35,-
			J 160.000	pp 35,-

2000 10 DM Gedenkmünze
EXPO 2000 Hannover

Der Mensch hält das angestrebte Gleichgewicht zwischen Natur und Technik in seinen Händen. Das Münzbild stellt den Menschen im Gleichgewicht von Natur und Technik dar.

Die Rückseite zeigt den Nennwert, die Umschrift und Adler mit sanduhrförmigen Körper. Entwurf Sonja Seibold, Haag.
Rand: WELTAUSSTELLUNG EXPO 2000 HANNOVER, drei Dreiecke

Erstausgabe: 13.01.2000
Gewicht: 15,5 Gramm
Durchmesser: 32,5 mm

Material: Silber 925, Kupfer 75
Jaegernummer: 474

A 3,00 M	ss/vz 11,-	st 17,50	**A** 160.000	PP	35,-
			D 160.000	PP	35,-
			F 160.000	PP	35,-
			G 160.000	PP	35,-
			J 160.000	PP	35,-

2000 10 DM Gedenkmünze
Karl der Große

Karl d. Gr. wurde am 25.12.800 in Rom zum Kaiser gekrönt. Im gleichen Jahr wurden Karls Dombau zu Aachen bedeutende Reliquien überbracht. Die Münze zeigt die Übergabe des Kirchebaus an seine Schutzpatrone Jesus und Maria in mittelalterlichem Stil.

Die Rückseite zeigt das Nominal, die Umschrift und einen grazilen Bundesadler. Entwurf Erich Ott, München.

Rand: URBS AQUENSIS - URBS REGALIS, Raute (Stadt Aachen – königliche Stadt).

Erstausgabe: 13.01.2000
Gewicht: 15,5 Gramm
Durchmesser: 32,5 mm

Material: Silber 925, Kupfer 75
Jaegernummer: 475

A 3,00 M	ss/vz 11,-	st 17,50	**A** 160.000	pp	35,-
			D 160.000	pp	35,-
			F 160.000	pp	35,-
			G 160.000	pp	35,-
			J 160.000	pp	35,-

2000 10 DM Gedenkmünze
Johann Sebastian Bach

Am 28.07.1750 verstarb der Komponist der berühmten Werke „Das wohltemperierte Klavier" und „Die Kunst der Fuge" in Leipzig (*21.03.1685 Eisenach). Neben dem Porträt des Künstlers werden die Namen seiner letzten Musikstücke genannt.

Die Rückseite zeigt Wertangabe, Umschrift und einen sehr lebendigen Adler. Entwurf Aase Thorsen, Neuberg.

Rand: 250. TODESTAG JOHANN SEBASTIAN BACH

Erstausgabe: 13.07.2000
Gewicht: 15,5 Gramm
Durchmesser: 32,5 mm

Material: Silber 925, Kupfer 75
Jaegernummer: 476

F 3,00 M	ss/vz 11,-	st 17,50	*A* 160.000	pp	35,-
			D 160.000	pp	35,-
			F 160.000	pp	35,-
			G 160.000	pp	35,-
			J 160.000	pp	35,-

2000 10 DM Gedenkmünze
10 Jahre Deutsche Einheit

Mit der zerbrochenen Berliner Mauer, dem Reichstagsgebäude und den Baukränen verbinden sich Vergangenheit, Gegenwart und Zukunft. Eine Folge des Zweiten Weltkrieges, das geteilte Deutschland, ist endgültig überwunden.

Die Rückseite ist dreigeteilt und zeigt jeweils in einem Drittel Adler, Nennwert und Hoheitsbezeichnung. Entwurf Doris Waschk-Balz, Hamburg.
Rand: WIR SIND DAS VOLK - WIR SIND EIN VOLK, Bindestrich, Raute

Erstausgabe: 12.10.2000 **Material:** Silber 925, Kupfer 75
Gewicht: 15,5 Gramm
Durchmesser: 32,5 mm **Jaegernummer:** 477

D 3,00 M	ss/vz 12,-	st 18,-	**A** 160.000	pp	35,-
			D 160.000	pp	35,-
			F 160.000	pp	35,-
			G 160.000	pp	35,-
			J 160.000	pp	35,-

2001 10 DM Gedenkmünze
Albert Gustav Lortzing

Der Komponist, Schauspieler und Kapellmeister wurde im Jahre 2001 zu seinem 200. Geburtstag geehrt (*23.10.1801 Berlin, †21.01.1851 Berlin). Lortzing komponierte erfolgreich volkstümliche Opern.

Die Rückseite zeigt Wertangabe, Umschrift und einen Adler, der einen Umhang zu tragen scheint. Entwurf Frantisek Chochola, Hamburg.

Rand: ZAR UND ZIMMERMANN WILDSCHÜTZ UNDINE, Sterne (Operntitel)

Erstausgabe: 11.01.2001 **Material:** Silber 925,
Gewicht: 15,5 Gramm Kupfer 75
Durchmesser: 32,5 mm **Jaegernummer:** 478

D 2,50 M	ss/vz 10,-	st 17,-	**A** 163.000	PP 33,-
			D 163.000	PP 33,-
			F 163.000	PP 33,-
			G 163.000	PP 33,-
			J 163.000	PP 33,-

2001 10 DM Gedenkmünze
Stralsund

Das in der Nordansicht gezeigte Katharinenkloster wurde kurz nach der Stadtgründung von Stralsund (1234) erstmals 1251 urkundlich erwähnt. Heute befindet sich u.a. das seit 50 Jahren bestehende Meeresmuseum in den frühgotischen Räumen des ehemaligen Klosters.

Die Rückseite zeigt das Nominal, die Umschrift und harmonischen Bundesadler. Entwurf Dietrich Dorfstecher, Berlin.

Rand: OHNE WASSER KEIN LEBEN

Erstausgabe: 13.06.2001
Gewicht: 15,5 Gramm
Durchmesser: 32,5 mm
Material: Silber 925, Kupfer 75
Jaegernummer: 479

A 2,50 M	ss/vz 10,-	st 17,-			
			A 163.000	pp	33,-
			D 163.000	pp	33,-
			F 163.000	pp	33,-
			G 163.000	pp	33,-
			J 163.000	pp	33,-

2001 10 DM Gedenkmünze
Bundesverfassungsgericht

Neben Bundespräsident, Bundesrat, Bundesregierung und Bundestag gehört das Bundesverfassungsgericht, dessen 50jährigem Bestehen mit der Münze gedacht wird, zu den Verfassungsorganen der BRD.

Die Rückseite trägt das Nominal, Umschrift und einen mächtigen Bundesadler. Entwurf Aase Thorsen, Neuberg.

Rand: IM NAMEN DES VOLKES

Erstausgabe: 05.09.2001
Gewicht: 15,5 Gramm
Durchmesser: 32,5 mm

Material: Silber 925 : Kupfer 75
Jaegernummer: 480

G 2,50 M	ss/vz 10,-	st 17,-	**A** 163.000	PP 33,-
			D 163.000	PP 33,-
			F 163.000	PP 33,-
			G 163.000	PP 33,-
			J 163.000	PP 33,-

2001 1 DM Gedenkmünze
Abschied der Deutschen Mark

Aufgrund der Einführung des Euro gab die Deutsche Bundesbank zum Abschied der Deutschen Mark eine Goldene Abschiedsprägung heraus. Die Gestaltung entspricht dem Münzbild der regulären 1 DM-Münze.

Die Rückseite zeigt statt der Umschrift BUNDES-REPUBLIK DEUTSCHLAND auf der Gedenkmünze DEUTSCHE BUNDESBANK. Entwurf Josef Bernhart, München.

Rand: Arabesken

Erstausgabe: 01.07.2001 **Material:** Feingold 999,9
Gewicht: 12 Gramm **Jaegernummer:** 481
Durchmesser: 23,5 mm

A 200.000 pp 465,-
D 200.000 pp 445,-
F 200.000 pp 445,-
G 200.000 pp 445,-
J 200.000 pp 445,-

Kursmünzensätze 1964-2002

Kursmünzen werden im Gegensatz zu Gedenkprägungen für den allgemeinen Zahlungsverkehr ausgegeben. Meistens sind sie viele Jahre im Umlauf und werden durch den ständigen Gebrauch verschlissen und abgegriffen. Speziell für den Sammler geben die Prägestätten jedoch sogenannte Kursmünzensätze heraus. Ein Kursmünzensatz ist ein Komplettsatz der Umlaufmünzen eines Jahrganges. Die vier Münzstätten der BRD haben bis 1964 in unregelmäßigen Abständen einzelne Kursmünzen in der Sammlerqualität „Polierte Platte" hergestellt. Diese Münzen wurden einzeln und direkt von den Prägeanstalten an Sammler verkauft. Da vergleichsweise nur wenige Exemplare existieren, sind sie begehrt und entsprechend teuer.

Seit 1964 werden die sogenannten Kursmünzensätze in der höchsten Qualitätsstufe Polierte Platte hergestellt und verkauft. Für deren Herstellung werden sowohl ein polierter Stempel als auch polierte Ronden (Münzrohlinge ohne Prägung) benutzt. Kursmünzensätze in der Qualitätsstufe Stempelglanz gibt es erst seit 1974. Um sie vor jeglicher Berührung, Oxydation und Beschädigung zu schützen, werden sie direkt in der Prägestelle in Kunststoff verpackt (PP) oder eingeschweißt (Stempelglanz).

Die Sammlerwerte richten sich im wesentlichen nach den Auflagezahlen bzw. der Seltenheit. Vom Kursmünzensatz 1965 PP wurden in Stuttgart (F) lediglich 100 Exemplare, in Karlsruhe (G) dagegen 8233 Stück hergestellt. Die Kursmünzensätze aus Stuttgart erzielen daher weit höhere Preise als die in Karlsruhe hergestellten Sätze.

Für jeden Sammler bundesdeutscher Umlaufmünzen sind die offiziellen Kursmünzensätze zweifelsohne der Höhepunkt in Prägequalität und Erhaltung der Münzen.

Kursmünzensätze 1964-1971

Kursmünzensätze

1964 G 600 pp 2.700,- **1965** F 100 pp 5.100,-
                                      G 8.233 pp 350,-

1966 F 100 pp 5.800,- **1967** F 1.500 pp 1.200,-
          G 3.070 pp 880,- 2 Pf unmagn. G 3.630 pp 750,-
          J 1.000 pp 1.650,- 2 Pf magn. G 520 pp 8.050,-
                                      J 1.500 pp 1.450,-

1968 F 3.100 pp 950,- **1969** F 5.100 pp 230,-
2 Pf unmagn. G 3.651 pp 600,- G 8.700 pp 210,-
2 Pf magn. G 2.372 pp 850,- J 5.000 pp 230,-
          J 2.000 pp 1.150,-

1970 F 5.000 pp 280,- **1971** D 8.000 pp 180,-
          G 10.000 pp 205,- F 8.000 pp 180,-
          J 5.000 pp 230,- G 10.000 pp 175,-
                                      J 8.000 pp 180,-

Kursmünzensätze 1972-1976

1972
- D 8.000 `pp` 180,-
- F 8.000 `pp` 180,-
- G 10.000 `pp` 175,-
- J 8.000 `pp` 180,-

1973
- D 9.000 `pp` 180,-
- F 9.000 `pp` 180,-
- G 9.000 `pp` 180,-
- J 9.000 `pp` 180,-

1974
- D 20.000 `st` 70,-   D 35.000 `pp` 70,-
- F 20.000 `st` 70,-   F 35.000 `pp` 70,-
- G 20.000 `st` 70,-   G 35.000 `pp` 70,-
- J 20.000 `st` 70,-   J 35.000 `pp` 70,-

1975
- D 26.000 `st` 43,-   D 43.000 `pp` 44,-
- F 26.000 `st` 43,-   F 43.000 `pp` 44,-
- G 26.000 `st` 43,-   G 43.000 `pp` 44,-
- J 26.000 `st` 43,-   J 43.000 `pp` 44,-

1976
- D 26.000 `st` 43,-   D 43.000 `pp` 44,-
- F 26.000 `st` 43,-   F 43.000 `pp` 44,-
- G 26.000 `st` 43,-   G 43.000 `pp` 44,-
- J 26.000 `st` 43,-   J 43.000 `pp` 44,-

Kursmünzensätze 1977-1980

1977
D	29.000	st 43,-	D	50.500	pp 44,-
F	29.000	st 43,-	F	50.500	pp 44,-
G	29.000	st 43,-	G	50.500	pp 44,-
J	29.000	st 43,-	J	50.500	pp 44,-

1978
D	29.500	st 43,-	D	54.000	pp 44,-
F	29.500	st 43,-	F	54.000	pp 44,-
G	29.500	st 43,-	G	54.000	pp 44,-
J	29.500	st 43,-	J	54.000	pp 44,-

1979
D	44.000	st 43,-	D	89.000	pp 44,-
F	44.000	st 43,-	F	89.000	pp 44,-
G	44.000	st 43,-	G	89.000	pp 44,-
J	44.000	st 43,-	J	89.000	pp 44,-

1980
D	44.000	st 43,-	D	110.000	pp 44,-
F	44.000	st 43,-	F	110.000	pp 44,-
G	44.000	st 43,-	G	110.000	pp 44,-
J	44.000	st 43,-	J	110.000	pp 44,-

Kursmünzensätze 1981-1984

1981
D 35.000	st	43,-	D 91.000	pp	44,-
F 35.000	st	43,-	F 91.000	pp	44,-
G 35.000	st	43,-	G 91.000	pp	44,-
J 35.000	st	43,-	J 91.000	pp	44,-

1982
D 33.000	st	43,-	D 78.000	pp	44,-
F 33.000	st	43,-	F 78.000	pp	44,-
G 33.000	st	43,-	G 78.000	pp	44,-
J 33.000	st	43,-	J 78.000	pp	44,-

1983
D 31.000	st	43,-	D 75.000	pp	44,-
F 31.000	st	43,-	F 75.000	pp	44,-
G 31.000	st	43,-	G 75.000	pp	44,-
J 31.000	st	43,-	J 75.000	pp	44,-

1984
D 25.500	st	80,-	D 64.000	pp	58,-
F 25.500	st	80,-	F 64.000	pp	58,-
G 25.500	st	80,-	G 64.000	pp	58,-
J 25.500	st	80,-	J 64.000	pp	58,-

Kursmünzensätze 1985-1988

1985
D 23.000	st 52,-	D 56.000	pp 58,-
F 23.000	st 52,-	F 54.000	pp 58,-
G 23.000	st 52,-	G 54.000	pp 58,-
J 23.000	st 52,-	J 54.000	pp 58,-

1986
D 15.000	st 230,-	D 44.000	pp 58,-
F 15.000	st 230,-	F 44.000	pp 58,-
G 15.000	st 230,-	G 44.000	pp 58,-
J 15.000	st 230,-	J 44.000	pp 58,-

1987
D 18.000	st 80,-	D 45.000	pp 58,-
F 18.000	st 80,-	F 45.000	pp 58,-
G 18.000	st 80,-	G 45.000	pp 58,-
J 18.000	st 80,-	J 45.000	pp 58,-

1988
D 18.000	st 58,-	D 45.000	pp 52,-
F 18.000	st 58,-	F 45.000	pp 52,-
G 18.000	st 58,-	G 45.000	pp 52,-
J 18.000	st 58,-	J 45.000	pp 52,-

Kursmünzensätze 1989-1992

1989
- D 18.000 | st | 58,- | D 45.000 | pp | 58,-
- F 18.000 | st | 58,- | F 45.000 | pp | 58,-
- G 18.000 | st | 58,- | G 45.000 | pp | 58,-
- J 18.000 | st | 58,- | J 45.000 | pp | 58,-

1990
- D 18.000 | st | 50,- | D 45.000 | pp | 58,-
- F 18.000 | st | 50,- | F 45.000 | pp | 58,-
- G 18.000 | st | 50,- | G 45.000 | pp | 58,-
- J 18.000 | st | 50,- | J 45.000 | pp | 58,-

1991
- A 20.000 | st | 50,- | A 45.000 | pp | 58,-
- D 20.000 | st | 50,- | D 45.000 | pp | 58,-
- F 20.000 | st | 50,- | F 45.000 | pp | 58,-
- G 20.000 | st | 50,- | G 45.000 | pp | 58,-
- J 20.000 | st | 50,- | J 45.000 | pp | 58,-

1992
- A 20.000 | st | 50,- | A 45.000 | pp | 58,-
- D 20.000 | st | 50,- | D 45.000 | pp | 58,-
- F 20.000 | st | 50,- | F 45.000 | pp | 58,-
- G 20.000 | st | 50,- | G 45.000 | pp | 58,-
- J 20.000 | st | 50,- | J 45.000 | pp | 58,-

Kursmünzensätze 1993-1996

1993
A	20.000	st 66,-	A	45.000	pp 56,-
D	20.000	st 66,-	D	45.000	pp 56,-
F	20.000	st 66,-	F	45.000	pp 56,-
G	20.000	st 66,-	G	45.000	pp 56,-
J	20.000	st 66,-	J	45.000	pp 56,-

1994
A	20.000	st 56,-	A	45.000	pp 50,-
D	20.000	st 56,-	D	45.000	pp 50,-
F	20.000	st 56,-	F	45.000	pp 50,-
G	20.000	st 56,-	G	45.000	pp 50,-
J	20.000	st 56,-	J	45.000	pp 50,-

1995
A	20.000	st 480,-	A	45.000	pp 360,-
D	20.000	st 480,-	D	45.000	pp 360,-
F	20.000	st 480,-	F	45.000	pp 360,-
G	20.000	st 480,-	G	45.000	pp 360,-
J	20.000	st 480,-	J	45.000	pp 360,-

1996
A	50.000	st 77,-	A	45.000	pp 80,-
D	50.000	st 77,-	D	45.000	pp 80,-
F	50.000	st 77,-	F	45.000	pp 80,-
G	50.000	st 77,-	G	45.000	pp 80,-
J	50.000	st 77,-	J	45.000	pp 80,-

Kursmünzensätze 1997-2000

1997
A 70.000	st 50,-	A 45.000	pp 58,-
D 70.000	st 50,-	D 45.000	pp 58,-
F 70.000	st 50,-	F 45.000	pp 58,-
G 70.000	st 50,-	G 45.000	pp 58,-
J 70.000	st 50,-	J 45.000	pp 58,-

1998
A 70.000	st 50,-	A 62.000	pp 58,-
D 70.000	st 50,-	D 62.000	pp 58,-
F 70.000	st 50,-	F 62.000	pp 58,-
G 70.000	st 50,-	G 62.000	pp 58,-
J 70.000	st 50,-	J 62.000	pp 58,-

1999
A 70.000	st 50,-	A 65.000	pp 58,-
D 70.000	st 50,-	D 65.000	pp 58,-
F 70.000	st 50,-	F 65.000	pp 58,-
G 70.000	st 50,-	G 65.000	pp 58,-
J 70.000	st 50,-	J 65.000	pp 58,-

2000
A 77.000	st 70,-	A 78.000	pp 120,-
D 77.000	st 70,-	D 78.000	pp 120,-
F 77.000	st 70,-	F 78.000	pp 120,-
G 77.000	st 70,-	G 78.000	pp 120,-
J 77.000	st 70,-	J 78.000	pp 120,-

Kursmünzensätze 2001-2002

2001
A	130.000	st	77,-	**A**	83.000	pp	140,-
D	130.000	st	77,-	**D**	83.000	pp	140,-
F	130.000	st	77,-	**F**	83.000	pp	140,-
G	130.000	st	77,-	**G**	83.000	pp	140,-
J	130.000	st	77,-	**J**	83.000	pp	140,-

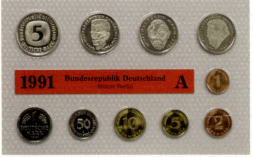

st-Satz

PP-Satz

1948 1/2 DM Banknoten

Die Banknoten nach der Währungsreform

Mit der Währungsreform 1948 erhielten die Deutschen zunächst neue Banknoten. Die Noten im Wert von 1/2, 1, 2, 5, 20 und 50 DM wurden in den USA gedruckt. Die Serienbuchstaben der Offsetdruckreihe sind wie folgt: A (2 DM), B (5 DM), C (20 DM) und D (50 DM). G (Ersatznoten). Eine Woche nach der Ausgabe kamen auch in Berlin die neuen Scheine in den Umlauf. Diese Geldscheine wurden mit dem Buchstaben B gestempelt oder perforiert, bei manchen Ausgaben geschah auch beides.

Die 1. Serie der American Banknote Company mit den Werten 10, 20, 50 und 100 DM war wesentlich aufwendiger gestaltet. Die Serienbuchstaben wurden wie folgt verwendet: H (10 DM), J (20 DM), K (50 DM), L (100 DM). Die Buchstaben schließen an die Offsetdruckreihe an. Diese Ausgabe trägt noch keinen Hinweis auf die ausgebende Notenbank. Die letzte Lieferung aus den USA erfolgte am 31.7.1966.

Die ersten Noten der Bank deutscher Länder (BdL) waren Scheine zu Fünf- und Zehnpfennig, die den Bedarf an Kleingeld decken sollten. Diese Scheine wurden bis zum 31.10.1950 wieder aus dem Umlauf genommen. Doch die Situation war weiterhin unbefriedigend, besonders die fälschungsanfälligen 5 und 20 DM-Scheine mussten dringend ersetzt werden. Der Künstler Max Bittrof gewann den von der BdL ausgeschriebenen Gestaltungswettbewerb. Nach seinem Entwurf wurden ein neuer 5, 50 und 100 DM-Schein hergestellt. Bei den 10 und 20 DM-Noten verwandte man weiterhin die vorhandenen Druckplatten und fügte lediglich den Banknamen, das Datum des Ausgabeschlusses und die Unterschriften des Präsidenten der Bank deutscher Länder und seines Stellvertreters hinzu.

5 Pf Banknoten *1948*

Die ersten von der Bank deutscher Länder (BdL) ausgegebenen Geldscheine waren die Kleingeldscheine zu 5 und 10 Pfennig. Schon im Frühjahr 1948 hat die BdL zusammen mit den Alliierten die Herstellung dieser Kleingeldscheine in Angriff genommen. Die Entwürfe zu den beiden Kleingeldscheinen wurden von der Wertpapierdruckerei R. Oldenbourg, München, vorgenommen. Am 20. August 1948 wurden die Scheine ausgegeben.

Die Scheine hatten wie die damals recht häufigen Fälschungen oft unterschiedliche Farbtönungen. Die BdL wies darauf hin: „Einige der im Umlauf befindlichen echten 10 Pfennig-Scheine weisen einen geringen Druckunterschied auf. Es gibt solche, bei denen sich links von dem Schriftband BANK DEUTSCHER LÄNDER am Bildrand ein kleiner weißer Fleck befindet, und andere, die diesen Fleck nicht zeigen. Beide Sorten sind echt und gültig."

1948 5 Pf Banknoten

250 *Nummer nach Rosenberg*
Maße: 60 x 40 mm
Ausgabedatum: 20.08.1948

Randornament in Höhe des „B" von „Bank Deutscher Länder" in Ordnung   III 10,-   I 30,-

Randornament in Höhe des „B" von „Bank Deutscher Länder" teilweise unbedruckt   III 15,-   I 40,-

10 Pf Banknoten *1948*

Die erste Auflage der 5 und 10 Pfennig-Scheine belief sich zusammen auf 30 Millionen Stück im Wert von 31,7 Milliarden. Die 2. Auflage wurde nur in der 10 Pfennig Wertstufe in der Höhe von 380 Millionen Stück gedruckt. Insgesamt wurden vier Druckereien mit der Herstellung der Noten beauftragt.

Nachdem die BdL das Prägerecht für Münzen hatte, wurden die Kleingeldscheine zum 30. September 1950 (10 Pfennig) bzw. zum 31. Oktober (5 Pfennig) aus dem Umlauf genommen.

1948 10 Pf Banknoten

251 *Nummer nach Rosenberg*
Maße: 60 x 40 mm
Ausgabedatum: 20.08.1948

Randornament in Höhe des „B" von Bank Deutscher Länder" in Ordnung	III 10,-	I 30,-
Randornament in Höhe des „B" von „Bank Deutscher Länder" teilweise unbedruckt	III 10,-	I 30,-

1/2 DM Banknoten *1948*

Die ersten Deutsche Mark-Banknoten der Währungsreform sind ohne Einfluss von deutscher Seite her entstanden. Das Papier lieferte die Security Banknote Company. Als einziges Sicherheitsmerkmal enthält das Papier eingebettete bunte Plättchen (Planchette-Papier). Die Scheine wurden hauptsächlich in der Staatsdruckerei in Washington D.C geplant und hergestellt. Die 1/2 DM weist weder eine Nummerierung noch eine bildliche Darstellung auf, lediglich die Serie 1948 wird genannt.

Die Rückseite ist ohne bildliche Darstellung. Insgesamt ist eine stilistische Anlehnung an die amerikanischen Dollarnoten nicht zu übersehen. Einerseits wurde dieses Vorgehen von der Bevölkerung abgelehnt, andererseits erzielte man damit einen positiven psychologischen Effekt: Durch die Anlehnung an die USA wurde das Vertrauen in neue Währung gestärkt. Diese ersten Banknoten nach der Währungsreform tragen alle im Hintergrund ein florales Muster.

1948 1/2 DM Banknoten

230 **Nummer nach Rosenberg**
Maße: 112 x 67 mm
Ausgabedatum: 1948

Abbildungen verkleinert.

| III | 50,- | I | 250,-

1948 1/2 DM Berlin Banknoten

231 **Nummer nach Rosenberg**
Maße: 112 x 67 mm
Ausgabedatum: 1948
Westberliner Ausgabe „B"

Abbildungen verkleinert.

	III	I
mit "B"- Stempel	60,-	350,-
mit "B"- Perforation	120,-	600,-
mit „B"- Stempel und „B"- Perforation	150,-	900,-

Bis zum 23. Dezember 1953 erhielten die für Westberlin vorgesehenen Banknoten ein unübersehbares großes „B" als Kennzeichen. Dieses „B" wurde entweder als Stempel oder als Perforierung auf die Scheine aufgebracht. Gelegentlich wurde auch beides kombiniert.

1 DM Banknoten *1948*

Die ersten Deutsche Mark-Noten aus der Zeit der Währungsreform sind ohne Einfluss von deutscher Seite aus entstanden. Das Papier lieferte die Security Banknote Company. Als einziges Sicherheitsmerkmal enthält das Papier eingebettete bunte Plättchen (Planchette-Papier). Die Scheine wurden weitestgehend in der Staatsdruckerei in Washington D.C geplant und hergestellt. Die 1 DM weist weder eine Nummerierung noch eine bildliche Darstellung auf, lediglich die Serie 1948 wird genannt. Im Hintergrund ist ein Ahornzweig zu sehen.

Die Rückseite ist ohne bildliche Darstellung. Insgesamt ist eine stilistische Anlehnung an die amerikanischen Dollarnoten nicht zu übersehen. Einerseits wurde dieses Vorgehen von der Bevölkerung abgelehnt, andererseits erzielte man damit einen positiven psychologischen Effekt: Durch die Anlehnung an die USA wurde das Vertrauen in neue Währung gestärkt.

1948 1 DM Banknoten

232 *Nummer nach Rosenberg*
Maße: 112 x 67 mm
Ausgabedatum: 1948

Abbildungen verkleinert.

| III | 40,- | I | 250,- |

1948 1 DM Berlin Banknoten

233 *Nummer nach Rosenberg*
Maße: 112 x 67 mm
Ausgabedatum: 1948
Westberliner Ausgabe „B"

Abbildungen verkleinert.

mit "B"- Stempel	III 50,-	I 350,-
mit „B"- Perforation	III 80,-	I 500,-
mit „B"- Stempel und „B"- Perforation	III 150,-	I 800,-

Informationen zu Banknoten-Serienbuchstaben

Serie 1948 „Offsetdruckreihe":
1/2 DM	=	ohne Serienbuchstabe
1 DM	=	ohne Serienbuchstabe
2 DM	=	Serienbuchstabe A
5 DM	=	Serienbuchstabe B
20 DM	=	Serienbuchstabe C
50 DM	=	Serienbuchstabe D
Austauschnoten	=	Serienbuchstabe G

Serie der American Banknote Company:
10 DM	=	Serienbuchstabe H
20 DM	=	Serienbuchstabe J
50 DM	=	Serienbuchstabe K
100 DM	=	Serienbuchstabe L

1. Serie „Bank deutscher Länder":
5 DM	=	Serie 1-6 Druck Thomas De La Rue, England, ab Serie 7A Bundesdruckerei, Berlin
10 DM	=	Serienbuchstabe H, N, R
20 DM	=	Serienbuchstabe P, Q, R
50 DM	=	Druckerei der Bank von Frankreich, franz. Nummerierungssystem
100 DM	=	Druckerei der Bank von Frankreich, franz. Nummerierungssystem

Deutsche Bundesbank 1960-1999:
Ersatznoten Serie Y Bundesdruckerei, Berlin
Ersatznoten Serie Z Druckerei Fa. Giesecke & Devrient

Auszeichnung der Scheine für Berlin:
Standardnote mit B Stempel
Standardnote mit B Perforation
Standardnote mit B Stempel und Perforation

2 DM Banknoten *1948*

Die 2 DM- Banknote zeigt auf der linken Seite eine allegorische Figur, die den Handel verkörpern soll. Sie trägt einen Stift und einen Schreibblock in der Hand. Im Hintergrund ist über die ganze Fläche ein Blumenmotiv zu erkennen.

1948 2 DM Banknoten

234 *Nummer nach Rosenberg*
Maße: 112 x 67 mm
Ausgabedatum: 1948

Abbildungen verkleinert.

Standardnote A	III 120,-	I 600,-
Ersatznote G	III 1.500,-	I 15.000,-

1948 **2 DM Berlin Banknoten**

235 *Nummer nach Rosenberg*
Maße: 112 x 67 mm
Ausgabedatum: 1948
Westberliner Ausgabe „B"

Abbildungen verkleinert.

Standardnote A mit „B"- Stempel	III 150,-	I 700,-
Standardnote A mit „B"- Perforation	III 150,-	I 2.000,-
Standardnote A mit „B"- Stempel und „B"- Perforation	III 350,-	I 2.600,-
Ersatznote G mit „B"- Stempel	III 1.500,-	I LP

Banknoten 1948-1949

5 DM Banknoten *1948*

Auf der rechten Seite der 5 DM-Banknote ist ein sitzender Mann mit Zirkel, Globus und Schriftrolle abgebildet. Zu seinen Füßen ist ein Überseedampfer zu erkennen, eine Allegorie auf Wissenschaft, Technik und Fortschritt. Das im Hintergrund liegende Pflanzenmotiv ist mit gelben Blüten geschmückt.

1948 5 DM Banknoten

236 *Nummer nach Rosenberg*
Maße: 112 x 67 mm
Ausgabedatum: 1948

Abbildungen verkleinert.

Standardnote B   III 250,-   I 800,-
Ersatznote G   III 3.200,-   I LP

1948 5 DM Berlin Banknoten

237 **Nummer nach Rosenberg**
Maße: 112 x 67 mm
Ausgabedatum: 1948
Westberliner Ausgabe „B"

Abbildungen verkleinert.

Standardnote B mit „B"- Stempel		III	300,-	I	900,-
Standardnote B mit „B"- Perforation		III	400,-	I	1.500,-
Standardnote B mit „B"- Stempel und „B"- Perforation		III	500,-	I	1.800,-
Ersatznote G mit „B"- Stempel		III	3.200,-	I	LP

Banknoten 1948-1949

5 DM Banknoten *1948*

Aufgrund der hohen Fälschungszahlen wurde am 9. 12 1948 von der Bank Deutscher Länder ein neuer 5 DM-Schein herausgegeben. Die Banknote wurde von Max Bittrof gestaltet und zeigt die Entführung der Europa auf dem Stier. Auf den Geldscheinen wird erstmals ein neues Nummerierungssystem angewandt, einige Kombinationen von Nummern und Zahlen sind sehr selten, was sich erheblich auf die unterschiedlichen Sammlerwerte auswirkt.

Die Rückseite ist ornamental gestaltet.

1948 5 DM Banknoten

252 **Nummer nach Rosenberg**
Maße: 120 x 60 mm
Ausgabedatum: 09.12.1948
„Bank Deutscher Länder"

Abbildungen verkleinert.

Serienbuchstabe vor der KN	III	200,-	I	1.400,-
1- oder 2-stellige Serienziffer mit einem Serienbuchstaben vor der KN, Serie 1-6, Druck: Thomas De La Rue London	III	100,-	I	450,-
1- oder 2-stellige Serienziffer mit einem Serienbuchstaben vor der KN, ab Serie 7, Druck: Bundesdruckerei	III	80,-	I	400,-
Kreuzstern vor der KN, Ersatznote	III	300,-	I	2.500,-
1- oder 2-stellige Serienziffer mit einem Kreuzstern vor der KN, Eratznote	III	250,-	I	1.500,-

1948 5 DM Berlin Banknoten

253   *Nummer nach Rosenberg*
Maße: 120 x 60 mm
Ausgabedatum: 09.12.1948
Westberliner Ausgabe „B", „Bank Deutscher Länder"

Abbildungen verkleinert.

Nur „B"- Stempel auf Banknoten der Serien 1-6.

Serienbuchstaben vor der KN	300,-	1.500,-
Serienziffer mit einem Buchstaben vor der KN	160,-	600,-
Ersatznote mit Kreuzstern vor der KN	500,-	3.000,-
Ersatznote mit Serienziffer und Kreuzstern vor der KN	600,-	2.000,-

Banknoten 1948-1949

10 DM Banknoten *1948*

Der 10 DM-Schein zeigt eine allegorische Dreiergruppe, die von links nach rechts gesehen das Handwerk, die Gerechtigkeit und den Aufbau symbolisieren. Die 10 DM-Noten dieser Reihe haben vor der Nummer ein großes „H".

Die Rückseite zeigt die Wertangabe mit Rahmen.

1948 10 DM Banknoten

238 *Nummer nach Rosenberg*
Maße: 140 x 66 mm
Ausgabedatum: 1948

Abbildungen verkleinert.

Standardnote *H*   III 150,-   I 800,-

1948 10 DM Berlin Banknoten

239 **Nummer nach Rosenberg**
Maße: 140 x 66 mm
Ausgabedatum: 1948
Westberliner Ausgabe „B"

Abbildungen verkleinert.

Standardnote H mit "B"- Stempel	III 150,-	I 800,-
Standardnote H mit „B"- Perforation	III 250,-	I 900,-
Standardnote H mit „B"- Stempel und „B"- Perforation	III 300,-	I 1.000,-

1949 10 DM Banknoten

258 *Nummer nach Rosenberg*
Maße: 141 x 67 mm
Ausgabedatum: 22.08.1949
„Bank Deutscher Länder"

Abbildungen verkleinert.

Standardnote H, N, R   III 50,-   I 150,-

1949 10 DM Berlin Banknoten

259 *Nummer nach Rosenberg*
Maße: 141 x 67 mm
Ausgabedatum: 22.08.1949
Westberliner Ausgabe „B", „Bank Deutscher Länder"

Abbildungen verkleinert.

Standardnote H, N, R mit „B"- Stempel   III 250,-   I 600,-
(Vorsicht bei Falschstempel)

Standardnote H, N, R mit „B"- Perforation   I LP

Banknoten 1948-1949

20 DM Banknoten *1948-1949*

Ähnlich wie auf der 10 DM-Note sind auf diesem Schein allegorische Figuren für Handwerk und Landwirtschaft dargestellt. Als Attribute wurden ihnen Amboss und Bienenstock gegeben. Im Hintergrund ist eine Industrieanlage zu sehen. Die 20er Scheine dieser Serie tragen vor der Nummer ein großes „J".

Die Rückseite zeigt die Wertangabe im Rahmen.

1948 20 DM Banknoten

240 *Nummer nach Rosenberg*
Maße: 146 x 67 mm
Ausgabedatum: 1948

Abbildungen verkleinert.

Standardnote *J*   III 150,-   I 800,-

1948 20 DM Berlin Banknoten

241 **Nummer nach Rosenberg**
Maße: 146 x 67 mm
Ausgabedatum: 1948
Westberliner Ausgabe „B"

Abbildungen verkleinert.

Standardnote J mit „B"- Stempel	III 150,-	I 800,-
Standardnote J mit „B"- Perforation	III 200,-	I 1.000,-
Standardnote J mit „B"- Stempel und „B"- Perforation	III 300,-	I 1.200,-

1949 20 DM Banknoten

260 **Nummer nach Rosenberg**
Maße: 146 x 67 mm
Ausgabedatum: 22.08.1949
„Bank Deutscher Länder"

Abbildungen verkleinert.

Standardnote *P,Q,R*   III 100,-   I 500,-

1949 20 DM Berlin Banknoten

261   *Nummer nach Rosenberg*
Maße: 146 x 67 mm
Ausgabedatum: 22.08.1949
Westberliner Ausgabe „B", „Bank Deutscher Länder"

Abbildungen verkleinert.

Standardnote P, nur „B"- Stempel   III 300,-   I 900,-
(Vorsicht Falschstempel)

Banknoten 1948-1949

20 DM Banknoten *1948*

Die Banknote wird von einem allegorischen Portrait der Freiheit in einem Oval geziert. Im Hintergrund eine große sternenförmige Blume. Die Banknote erschienen mit den Serien-Buchstaben C und G vor der Kontrollnummer.

Die Rückseite ist rein ornamental verziert.

1948 20 DM **Banknoten**

246 *Nummer nach Rosenberg*
Maße: 156 x 67 mm
Ausgabedatum: 20.06.1948

Abbildungen verkleinert.

Standardnote *C*   III 900,-   I 2.600,-
Ersatznote *G*   I 1 P

1948 20 DM Berlin Banknoten

247 *Nummer nach Rosenberg*
Maße: 156 x 67 mm
Ausgabedatum: 20.06.1948
Westberliner Ausgabe „B"

Abbildungen verkleinert.

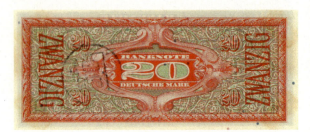

Standardnote C mit „B"- Stempel	III 1.000,-	I 3.000,-
Standardnote C mit „B"- Perforation	III 150,-	I 3.800,-
Standardnote C mit „B"- Stempel und „B"- Perforation	III 2.000,-	I 4.500,-
Ersatznote G mit „B"- Stempel		I LP

Banknoten 1948-1949

50 DM Banknoten *1948*

Eine sitzende Frau mit Ährenbündel stellt eine Allegorie auf die Landwirtschaft dar. Das Serienkennzeichen dieser 50 DM-Scheine ist ein großes „K" vor der Kontrollnummer.

Wertangabe im Rahmen.

1948 50 DM Banknoten

242   *Nummer nach Rosenberg*
   Maße: 151 x 67 mm
   Ausgabedatum: 1948

Abbildungen verkleinert.

Standardnote K |III| 200,- |I| 2.500,-

1948 50 DM Berlin Banknoten

243
Nummer nach Rosenberg
Maße: 151 x 67 mm
Ausgabedatum: 1948
Westberliner Ausgabe „B"

Abbildungen verkleinert.

Standardnote K mit „B"- Stempel		200,-		2.500,-
Standardnote K mit „B"- Perforation		400,-		2.800,-
Standardnote K mit „B"- Stempel und „B"-Perforation		700,-		3.000,-

Banknoten 1948-1949

50 DM Banknoten *1948*

Dieser 50 DM-Schein wurde ab August 1948 in geringer Zahl ausgegeben. Im Zentrum der Banknote ein weiblicher Kopf mit Akanthus-Schmuck. Im Hintergrund ein üppiges florales Muster. Diese Banknote gibt es mit den Serienbuchstaben D und G vor der Kontrollnummer, wobei letztere äußerst selten vorkommt.

Wertangabe mit Ornamenten.

1948 50 DM Banknoten

248 *Nummer nach Rosenberg*
Maße: 155 x 67 mm
Ausgabedatum: August 1948
Besonderheit: sehr selten

Abbildungen verkleinert.

Standardnote *D*   III 6.000,-   I 9.000,-
Ersatznote *G*   I LP

1948 50 DM Berlin Banknoten

249 *Nummer nach Rosenberg*
Maße: 155 x 67 mm
Ausgabedatum: August 1948
Besonderheit: sehr selten
Westberliner Ausgabe „B"

Abbildungen verkleinert.

mit „B"- Stempel   I LP

mit „B"- Perforation (nur als Muster bekannt)   I LP

Banknoten 1948-1949

50 DM Banknoten *1948*

Max Bittrof entwarf die 50 DM-Note mit dem Namen der Bank deutscher Länder. Die Vorderseite zeigt den Nürnberger Kaufmann Hans Imhof (oder Willibald Pirckheimer) nach einem Gemälde von Albrecht Dürer.

Die Rückseite zeigt das gleiche Bildnis spiegelverkehrt neben einer Handelsszene in einem mittelalterlichen Hafen.

1948 50 DM Banknoten

254 *Nummer nach Rosenberg*
Maße: 150 x 75 mm
Ausgabedatum: 09.12.1948
„Bank Deutscher Länder"

Abbildungen verkleinert.

| III | 150,- | | I | 300,- |

1948 50 DM Berlin Banknoten

255
Nummer nach Rosenberg
Maße: 150 x 75 mm
Ausgabedatum: 09.12.1948
Westberliner Ausgabe „B", „Bank Deutscher Länder"

Abbildungen verkleinert.

mit „B"- Stempel (Vorsicht Falschstempel)   ▥ 400,-   ▯ 700,-

Banknoten 1948-1949

100 DM Banknoten *1948*

Die 100 DM-Note zeigt eine weibliche Gestalt mit Globus und Büchern als Allegorie der Wissenschaft. Diese Serie zeigt vor der Kontrollnummer den Großbuchstaben „L".

Wertangabe mit Ornamenten.

1948 100 DM Banknoten

244 *Nummer nach Rosenberg*
Maße: 156 x 67 mm
Ausgabedatum: 1948

Abbildungen verkleinert.

Standardnote L |III| 1.500,- |I| 6.000,-

1948 100 DM Berlin Banknoten

245 **Nummer nach Rosenberg**
Maße: 156 x 67 mm
Ausgabedatum: 1948
Westberliner Ausgabe „B"

Abbildungen verkleinert.

mit „B"- Stempel	III 2.500,-	I 7.000,-
mit „B"- Perforation	III 3.000,-	I 8.000,-
mit „B"- Stempel und „B"- Perforation	III 4.500,-	I 9.000,-

Banknoten 1948-1949

100 DM Banknoten *1948*

Max Bittrof entwarf diesen 100 DM Geldschein. Die Vorderseite zeigt ein Kopfbildnis des Nürnberger Ratsherrn Jakob Muffel. Auch hier verwandte der Künstler ein Gemälde Albrecht Dürers als Vorlage.

Die Rückseite zeigt eine spiegelbildliche Darstellung Muffels und ein Bild des mittelalterlichen Nürnberg.

1948 100 DM Banknoten

256 **Nummer nach Rosenberg**
Maße: 160 x 80 mm
Ausgabedatum: 09.12.1948
„Bank Deutscher Länder"

Abbildungen verkleinert.

| III | 250,- | I | 600,- |

1948 100 DM Berlin Banknoten

257   **Nummer nach Rosenberg**
Maße: 160 x 80 mm
Ausgabedatum: 09.12.1948
Westberliner Ausgabe B", „Bank Deutscher Länder"

Abbildungen verkleinert.

mit „B"- Stempel (Vorsicht Falschstempel)   ⬚ III 500,-   ⬚ I 1.500,-

Die Banknoten der Deutschen Bundesbank

Die Deutsche Bundesbank begann unmittelbar nach ihrer Gründung mit der Planung einer vollkommen neuen Banknotenserie. Es sollten Nominale zu 5, 10, 20, 50, 100, 500 und 1000 DM ausgegeben werden, die Größen und Farben der Scheine sollten im wesentlichen beibehalten werden. Für die Gestaltung griff man auf bedeutende deutsche Portrait-Gemälde zurück. Nach einem auf bestimmte Künstler eingeschränkten Wettbewerb entschied sich der damalige Bundespräsident Theodor Heuß zusammen mit dem Preisgericht für die Entwürfe von Hermann Eidenbenz. Die Herstellung der Scheine erfolgte von der Bundesdruckerei und der Druckerei Giesecke & Devrient. Ab dem 10. Februar 1961 wurden die ersten Noten der neuen Serie ausgegeben (I BBk). Jeder Schein trägt die Unterschrift des zum Ausgabedatum amtierenden Bundesbankpräsidenten. Beim Wechsel des Amtsinhabers wurden die Banknoten angepasst. Für die Kennzeichnung der Ersatznoten für den Austausch fehlerhafter Exemplare verwendete man den Großbuchstaben Y, die Druckerei Giesecke & Devrient den Buchstaben Z.

Seit der Ausgabe mit dem Datum 02.01.1970 wurde bei der 50 DM-Note der Strafandrohungstext von „Zuchthausstrafe" auf „Freiheitsstrafe" sowie die Farbe der Vignetten geändert. Seit dem 02.01.1980 erhielten alle Banknoten einen Copyright-Vermerk mit dem Namen der „Deutschen Bundesbank" und dem Jahr der Bekanntmachung im Bundesanzeiger.

Die Sicherheitsmerkmale (fluoreszierende Notennummern, chemische Indikatoren, Sicherheitsfaden, ferromagnetische Druckfarben, Fasern im Papier) flossen nach und nach in die Auflagen ein.

5 DM-Banknoten *1960-1980*

Die Vorderseite dieser von Hermann Eidenbenz entworfenen 5 DM-Note zeigt die „Junge Venezianerin" nach einem Gemälde von Albrecht Dürer (1471-1528). Der Nennwert der Banknote wurde in Ziffern und auch in ausgeschriebener Form wiedergegeben. Darüber das Wort Banknote in Frakturschrift. Darunter die Vignette mit der Wertangabe und dem Währungskürzel DM. Schließlich die ausgebende Institution DEUTSCHE BUNDESBANK mit den Unterschriften ihres Präsidenten und Vizepräsidenten.

Die Rückseite zeigt neben der Angabe des Wertes einen Strauß aus Eichenblättern und Eicheln als Symbol für die deutsche Natur. Links davon in einer Vignette die Wertangabe, rechts im ornamentalen Schmuck der Bundesadler.

1960 5 DM Banknote

262 **Nummer nach Rosenberg**
Maße: 120 x 60 mm
Ausgabedatum: 02.01.1960
Unterschriften: „Karl Blessing - Dr. Troeger"

Abbildungen verkleinert.

Banknoten 1960-1980

Standardnote A/A, A/B KN nicht UV-aktiv, Fasereinlage UV-aktiv	III	150,-	I	400,-
Standardnote A, B KN UV-aktiv, Fasereinlage	III	10,-	I	20,-
Ersatznote Z wie Standardnote A/A, A/B	III	200,-	I	700,-
Ersatznote Z wie Standardnote A, B	III	150,-	I	350,-

1970 5 DM Banknote

269 *Nummer nach Rosenberg*
Maße: 120 x 60 mm
Ausgabedatum: 02.01.1970
Unterschriften: „Karl Klasen - Otmar Emminger"
Geänderter Strafsatz

Abbildungen verkleinert.

Standardnote B	III 40,-	I 150,-
Ersatznote Z	III 400,-	I 2.000,-

1980 5 DM Banknote

285 ***Nummer nach Rosenberg***
Maße: 120 x 60 mm
Ausgabedatum: 02.01.1980
Unterschriften: „Pöhl - Schlesinger"
Rückseite unten links: „© Deutsche Bundesbank 1963"

Abbildungen verkleinert.

Banknoten 1960-1980

Standardnote B, R		▯▯▯ -,-	▯ 20,-
Ersatznote Z		▯▯▯ 20,-	▯ 50,-

10 DM-Banknoten *1960-1980*

"**B**ildnis eines jungen Mannes" ist das Motiv der 10 DM-Banknote. Lange Zeit wurde als Maler des Bildes Albrecht Dürer oder Anton Neupauer vermutet. Die neuesten Forschungen weisen das Bild der oberdeutschen Periode um 1500 zu. Der Wert der Banknote wurde in Ziffern und in ausgeschriebener Form wiedergegeben. Darüber das Wort Banknote in Frakturschrift. Darunter die Vignette mit der Wertangabe und dem Währungskürzel DM. Schließlich die ausgebende Institution DEUTSCHE BUNDESBANK mit den Unterschriften ihres Präsidenten und Vizepräsidenten.

Als Zeichen für die deutsche Weltoffenheit stellt die Rückseite des 10 DM-Scheines ein Schulschiff der deutschen Marine im Typ der Gorch Fock dar. Links davon in einer Vignette die Wertangabe, rechts der Bundesadler im ornamentalen Schmuck.

1960 10 DM Banknote

263 *Nummer nach Rosenberg*
Maße: 130 x 65 mm
Ausgabedatum: 02.01.1960
Unterschriften: „Karl Blessing - Dr. Troeger"

Abbildungen verkleinert.

Standardnote C, D	KN nicht UV-Aktiv		III 20,-	I 80,-
Standardnote D, E	KN UV-Aktiv		III 20,-	I 80,-
Standardnote E, F	KN UV-Aktiv, Fasereinlage		III 20,-	I 80,-
Ersatznote Y	wie Standardnote C, D		III 60,-	I 400,-
Ersatznote Y	wie Standardnote D, E		III 80,-	I 450,-
Ersatznote Y	wie Standardnote E, F mit Fasereinlage		III 80,-	I 450,-

1970 10 DM Banknote

270 **Nummer nach Rosenberg**
Maße: 130 x 65 mm
Ausgabedatum: 02.01.1970
Unterschriften: „Karl Klasen - Otmar Emminger"
Geänderter Strafsatz

Abbildungen verkleinert.

Standardnote *F, CA, CB, CC, CD* Buchstaben und KN haben die gleiche Größe: 2,8 mm |III| -,- |I| 120,-

Standardnote *CE, CF*
Buchstaben: 3,3 mm hoch und KN: 2,8 mm hoch, Automatenpapier mit unsichtbaren Indikatoren |III| -,- |I| 50,-

Ersatznote *Y, YC* wie Standardnote F, CA, CB, CC, CD |III| 60,- |I| 300,-

Ersatznote *YE* wie Standardnote CE, CF |III| 60,- |I| 300,-

1977 10 DM Banknote

275 **Nummer nach Rosenberg**
Maße: 130 x 65 mm
Ausgabedatum: 01.06.1977
Unterschriften: „Emminger - Pöhl"

Abbildungen verkleinert.

Standardnote CF, CG, CH		-,-		30,-
Ersatznote YE		40,-		180,-

1980 10 DM Banknote

281 **Nummer nach Rosenberg**
Maße: 130 x 65 mm
Ausgabedatum: 02.01.1980
Unterschriften: „Pöhl - Schlesinger"
Geänderter Strafsatz

Abbildungen verkleinert.

Standardnote CH, CJ	▥ -,-	▯ 50,-
Ersatznote YE	▥ 150,-	▯ 500,-

1980 10 DM Banknote

286 **Nummer nach Rosenberg**
Maße: 130 x 65 mm
Ausgabedatum: 02.01.1980
Unterschriften: „Pöhl - Schlesinger"
Rückseite unten links: „© Deutsche Bundesbank 1963"

Abbildungen verkleinert.

Standardnote	CJ, CK, CL, CM, CN, CP, CQ, CR, CS	III -,-	I	30,-
Ersatznote	YE	III 25,-	I	90,-

20 DM-Banknoten *1960-1980*

Wie für den farbgleichen 5 DM-Schein wurde auch für den 20 DM-Schein ein Bild Albrecht Dürers zum Vorbild genommen. Es handelt sich um das Bildnis der Elsbeth Tucher (1499). Der Wert der Banknote wurde in Ziffern und in ausgeschriebener Form wiedergegeben. Darüber das Wort Banknote in Frakturschrift. Darunter die Vignette mit der Wertangabe und dem Währungskürzel DM. Schließlich die ausgebende Institution DEUTSCHE BUNDESBANK mit den Unterschriften ihres Präsidenten und Vizepräsidenten.

Die Rückseite des Zwanzigers stellt unter Bezugnahme auf die deutsche Musikkultur eine Geige mit Bogen und eine Klarinette dar. Links davon in einer Vignette die Wertangabe, im ornamentalen Schmuck der Bundesadler.

1960 20 DM Banknote

264 **Nummer nach Rosenberg**
Maße: 140 x 70 mm
Ausgabedatum: 02.01.1960
Unterschriften: „Karl Blessing - Dr. Troeger"

Abbildungen verkleinert.

Standardnote G, H KN nicht UV-Aktiv	III 30,-	I	130,-
Standardnote H, J KN UV-Aktiv	III 30,-	I	120,-
Standardnote J KN UV-Aktiv, Fasereinlage	III 30,-	I	120,-
Ersatznote Z wie Standardnote G, H	III 300,-	I	1.500,-
Ersatznote Z wie Standardnote H, J	III 300,-	I	1.200,-
Ersatznote Z wie Standardnote J mit Fasereinlage	III 300,-	I	1.500,-

Banknoten 1960-1980

1970 20 DM Banknote

271 *Nummer nach Rosenberg*
Maße: 140 x 70 mm
Ausgabedatum: 02.01.1970
Unterschriften: „Karl Klasen - Otmar Emminger"
Geänderter Strafsatz

Abbildungen verkleinert.

Standardnote *GA, GB, GC, GD* Buchstaben und KN haben die gleiche Größe: 2,8 mm	III -,-	I 60,-
Standardnote *GE, GF* Buchstaben: 3,3 mm hoch und KN: 2,8 mm hoch, Automatenpapier mit unsichtbaren Indikatoren	III 50,-	I 120,-
Ersatznote *ZG* wie Standardnote GA, GB, GC, GD	III 160,-	I 800,-
Ersatznote *ZE* wie Standardnote GE, GF	III 160,-	I 800,-

1977 20 DM Banknote

276 *Nummer nach Rosenberg*
Maße: 140 x 70 mm
Ausgabedatum: 01.06.1977
Unterschriften: „Emminger - Pöhl"

Abbildungen verkleinert.

Standardnote GF, GG, GH	III -,-	I	90,-
Ersatznote ZE	III 200,-	I	1.000,-

Banknoten 1960-1980

1980 20 DM Banknote

282 *Nummer nach Rosenberg*
Maße: 140 x 70 mm
Ausgabedatum: 02.01.1980
Unterschriften: „Pöhl - Schlesinger"

Abbildungen verkleinert.

Standardnote GH	III -,-	I	150,-
Ersatznote ZE	III 800,-	I	2.500,-

1980 20 DM Banknote

287   *Nummer nach Rosenberg*
Maße: 140 x 70 mm
Ausgabedatum: 02.01.1980
Unterschriften: „Pöhl - Schlesinger"
Rückseite unten links: „© Deutsche Bundesbank 1961"

Abbildungen verkleinert.

Standardnote GH, GJ, GK, GL, GM, GN, GP, GQ, GR	-,-		I	60,-
Ersatznote ZE	140,-		I	900,-

Banknoten 1960-1980

50 DM-Banknoten *1960-1980*

Die Vorlage für das auf dem 50 DM-Schein abgebildete Männerporträt ist das Gemälde „Mann mit Kind" von Barthel Beham (1527). Der Wert der Banknote wurde in Ziffern und in ausgeschriebener Form wiedergegeben. Darüber das Wort Banknote in Frakturschrift. Darunter die Vignette mit der Wertangabe und dem Währungskürzel DM. Schließlich die ausgebende Institution DEUTSCHE BUNDESBANK mit den Unterschriften ihres Präsidenten und Vizepräsidenten.

Das Lübecker Holstentor auf der Rückseite der 50 DM-Note kann als Sinnbild für den deutschen Bürgerstolz angesehen werden. Links davon in einer Vignette die Wertangabe, rechts im ornamentalen Schmuck der Bundesadler.

1960 50 DM Banknote

265 *Nummer nach Rosenberg*
Maße: 150 x 75 mm
Ausgabedatum: 02.01.1960
Unterschriften: „Karl Blessing - Dr. Troeger"

Abbildungen verkleinert.

Standardnote K, L KN nicht UV-Aktiv	60,-		180,-
Standardnote L, M KN UV-Aktiv	60,-		200,-
Standardnote M KN UV-Aktiv, Fasereinlage	60,-		200,-
Ersatznote Y wie Standardnote K, L	150,-		700,-
Ersatznote Y wie Standardnote L, M	120,-		400,-
Ersatznote Y wie Standardnote M mit Fasereinlage	250,-		800,-

1970 50 DM Banknote

272 *Nummer nach Rosenberg*
Maße: 150 x 75 mm
Ausgabedatum: 02.01.1970
Unterschriften: „Karl Klasen - Otmar Emminger"
Geänderter Strafsatz

Abbildungen verkleinert.

Standardnote *M, KA, KB, KC, KD* Buchstaben und KN haben die gleiche Größe: 2,8 mm	III -,-	I	160,-
Standardnote *KE* Buchstaben: 3,3 mm hoch und KN: 2,8 mm hoch, Automatenpapier mit unsichtbaren Indikatoren	III -,-	I	160,-
Ersatznote *Y, YK* wie Standardnote M, KA, KB, KC, KD	III 120,-	I	400,-
Ersatznote *YE* wie Standardnote KE	III 150,-	I	600,-

1977 50 DM Banknote

277 **Nummer nach Rosenberg**
Maße: 150 x 75 mm
Ausgabedatum: 01.06.1977
Unterschriften: „Emminger - Pöhl"

Abbildungen verkleinert.

Standardnote KE, KF, KG	III -,-	I 120,-
Ersatznote YE	III 150,-	I 500,-

1980 50 DM Banknote

283 ummer nach Rosenberg
Maße: 150 x 75 mm
Ausgabedatum: 02.01.1980
Unterschriften: „Pöhl - Schlesinger"

Abbildungen verkleinert.

Standardnote KG, KH	III -,-	I 200,-
Ersatznote YE	III 200,-	I 1.000,-

1980 50 DM Banknote

288 *Nummer nach Rosenberg*
Maße: 150 x 75 mm
Ausgabedatum: 02.01.1980
Unterschriften: „Pöhl - Schlesinger"
Rückseite unten links: „© Deutsche Bundesbank 1963"

Abbildungen verkleinert.

| *Standardnote* KH, KJ, KK, KL, KM, KN | III -,- | I 150,- |
| *Ersatznote* YF | III 100,- | I 400,- |

100 DM-Banknoten *1960-1980*

Ein Gemälde von Christoph Amberger (um 1500-1562) bot die Vorlage für die Darstellung auf dem 100 DM-Schein. Es zeigt den Kosmographen Sebastian Münster im Stil seiner Zeit. Der Wert der Banknote wurde in Ziffern und in ausgeschriebener Form wiedergegeben. Darüber das Wort Banknote in Frakturschrift. Darunter die Vignette mit der Wertangabe und dem Währungskürzel DM. Schließlich die ausgebende Institution DEUTSCHE BUNDESBANK mit den Unterschriften ihres Präsidenten und Vizepräsidenten.

Die Rückseite zeigt einen Adler mit ausgebreiteten Schwingen als Symbol für den deutschen Staat. Links davon in einer Vignette die Wertangabe, rechts im ornamentalen Schmuck der Bundesadler.

1960 100 DM Banknote

266 *Nummer nach Rosenberg*
Maße: 160 x 80 mm
Ausgabedatum: 02.01.1960
Unterschriften: „Karl Blessing - Dr. Troeger"

Abbildungen verkleinert.

Standardnote *N* KN nicht UV-Aktiv	III 150,-	I	400,-
Standardnote *N, P, Q* KN UV-Aktiv	III 150,-	I	400,-
Ersatznote *Y* wie Standardnote N	III 200,-	I	1.000,-
Ersatznote *Z* wie Standardnote N, P, Q	III 200,-	I	900,-

1970 100 DM Banknote

273 *Nummer nach Rosenberg*
Maße: 160 x 80 mm
Ausgabedatum: 02.01.1970
Unterschriften: „Karl Klasen - Otmar Emminger"
Geänderter Strafsatz

Abbildungen verkleinert.

Standardnote Q, NA, NB, NC, ND Buchstaben und KN haben die gleiche Größe: 2,8 mm | III -,- | I 300,-

Standardnote NE, NF
Buchstaben: 3,3 mm hoch und KN: 2,8 mm hoch, Automatenpapier mit unsichtbaren Indikatoren | III -,- | I 300,-

Ersatznote Z, ZN wie Standardnote Q, NA, NB, NC, ND | III 200,- | I 800,-

Ersatznote ZE wie Standardnote NE, NF | III 200,- | I 800,-

1977 100 DM Banknote

278 **Nummer nach Rosenberg**
Maße: 160 x 80 mm
Ausgabedatum: 01.06.1977
Unterschriften: „Emminger - Pöhl"

Abbildungen verkleinert.

Standardnote NF, NG, NH	III -,-	I	300,-
Ersatznote ZE	III 250,-	I	600,-

Banknoten 1960-1980

1980 100 DM Banknote

284 ummer nach Rosenberg
Maße: 160 x 80 mm
Ausgabedatum: 02.01.1980
Unterschriften: „Pöhl - Schlesinger"

Abbildungen verkleinert.

Standardnote NH		-,-		300,-
Ersatznote ZE		500,-		1.500,-

1980 100 DM Banknote

289 **Nummer nach Rosenberg**
Maße: 160 x 80 mm
Ausgabedatum: 02.01.1980
Unterschriften: „Pöhl - Schlesinger"
Rückseite unten links: „© Deutsche Bundesbank 1962"

Abbildungen verkleinert.

Standardnote NH, NJ, NK, NL, NM, NN, NP ⏐ III ⏐ -,-   ⏐ I ⏐ 250,-
Ersatznote ZE   ⏐ III ⏐ 250,- ⏐ I ⏐ 1.000,-

500 DM-Banknoten *1960-1980*

Den 500 DM-Schein ziert das „Bildnis eines bartlosen Mannes" von Hans Maler zu Schwaz. Der Wert der Banknote wurde in Ziffern und in ausgeschriebener Form wiedergegeben. Darüber das Wort Banknote in Frakturschrift. Darunter die Vignette mit der Wertangabe und dem Währungskürzel DM. Schließlich die ausgebende Institution DEUTSCHE BUNDESBANK mit den Unterschriften ihres Präsidenten und Vizepräsidenten.

Die Burg Eltz auf der Rückseite der 500 DM-Note symbolisiert die deutsche Ritterlichkeit. Links davon in einer Vignette die Wertangabe, rechts im ornamentalen Schmuck der Bundesadler.

1960 500 DM Banknote

267 *Nummer nach Rosenberg*
Maße: 170 x 85 mm
Ausgabedatum: 02.01.1960
Unterschriften: „Karl Blessing - Dr. Troeger"

Abbildungen verkleinert.

Standardnote	V	KN nicht UV-Aktiv	III 600,-	I	1.200,-
Ersatznote	Y	KN nicht UV-Aktiv	III 800,-	I	2.400,-

1970 500 DM Banknote

274 **Nummer nach Rosenberg**
Maße: 170 x 85 mm
Ausgabedatum: 02.01.1970
Unterschriften: „Karl Klasen - Otmar Emminger"
Geänderter Strafsatz

Abbildungen verkleinert.

Standardnote V		▥ -,-	▯ 1.000,-
Ersatznote Y		▥ -,-	▯ 1.500,-

1977 500 DM Banknote

279 *Nummer nach Rosenberg*
Maße: 170 x 85 mm
Ausgabedatum: 01.06.1977
Unterschriften: „Emminger - Pöhl"

Abbildungen verkleinert.

Banknoten 1960-1980

Standardnote V		III -,-	I	900,-
Ersatznote Y		III -,-	I	1.300,-

1980 500 DM Banknote

290 *Nummer nach Rosenberg*
Maße: 160 x 80 mm
Ausgabedatum: 02.01.1980
Unterschriften: „Pöhl - Schlesinger"
Rückseite unten links: „© Deutsche Bundesbank 1964"

Abbildungen verkleinert.

Standardnote V	-,-	1.200,-
Ersatznote Y	-,-	1.400,-

Banknoten 1960-1980

1000 DM-Banknoten *1960-1980*

Die Banknote mit dem höchsten Wert 1000 DM zeigt ein Portrait des Magdeburger Juristen und Theologen Dr. Johannes Scheyring nach einem Gemälde von Lucas Cranach d. Ä. (1472-1553). Der Wert der Banknote wurde in Ziffern als auch in ausgeschriebener Form wiedergegeben. Darüber das Wort Banknote in Frakturschrift. Darunter die Vignette mit der Wertangabe und dem Währungskürzel DM. Schließlich die ausgebende Institution DEUTSCHE BUNDESBANK mit den Unterschriften ihres Präsidenten und Vizepräsidenten.

Der auf der Rückseite dargestellte Dom zu Limburg an der Lahn steht für die romanische Baukunst in Deutschland. Links davon in einer Vignette die Wertangabe, rechts im ornamentalen Schmuck der Bundesadler.

1960 1000 DM Banknote

268 *Nummer nach Rosenberg*
Maße: 180 x 90 mm
Ausgabedatum: 02.01.1960
Unterschriften: „Karl Blessing - Dr. Troeger"

Abbildungen verkleinert.

Standardnote W KN UV-Aktiv, Fasereinlage | III | 1.100,- | I | 1.900,-
Ersatznote Z KN UV-Aktiv, Fasereinlage | III | 1.400,- | I | 2.500,-

Banknoten 1960-1980

1977 1000 DM Banknote

280 **Nummer nach Rosenberg**
Maße: 180 x 90 mm
Ausgabedatum: 01.06.1977
Unterschriften: „Emminger - Pöhl"
Geänderter Strafsatz

Abbildungen verkleinert.

Standardnote W		III -,-	I	1.800,-
Ersatznote Z		III -,-	I	2.500,-

Banknoten 1960-1980

1980 1000 DM Banknote

291 **Nummer nach Rosenberg**
Maße: 160 x 80 mm
Ausgabedatum: 02.01.1980
Unterschriften: „Pöhl - Schlesinger"
Rückseite unten links: „© Deutsche Bundesbank 1964"

Abbildungen verkleinert.

Standardnote W		III -,-	I	1.700,-
Ersatznote Z		III -,-	I	2.200,-

Banknoten 1960-1980

Banknoten 1960-1980

Am 19. März 1981 beschloss der Zentralbankrat der Deutschen Bundesbank die Ausgabe einer neuen Banknotenserie. Der Grund dazu waren die mittlerweile überholten Sicherheitsmerkmale. Daneben wollte man die Banknoten hinsichtlich ihrer automatischen Verarbeitung und ihres Erscheinungsbildes modernisieren. Die Farben der jeweiligen Werte wurden beibehalten, sowie das Wort „Banknote" in Frakturschrift. Auch die Unterschrift des jeweiligen Bundesbankpräsidenten und seines Vertreters wurden beibehalten. Für die Größen wurde festgelegt, dass sie von Wert zu Wert um 3 mm in der Breite und 8 mm in der Länge stiegen. Für die Portraits sollten andere Personen ausgewählt werden.

Ein hochkarätig besetztes Gremium entschied über die abzubildenden Personen. Anschließend fand ein kompliziert verlaufender Gestaltungswettbewerb statt. Die Jury entschied sich nach langem hin und her schließlich für den Entwurf von Reinhold Gerstetter, Graphiker bei der Bundesdruckerei.

Größten Wert wurde auf die Sicherheitsmerkmale gelegt: Papier aus reiner Baumwolle, Wasserzeichen, Sicherheitsfaden, getöntes Papier, kopiersichere Farben mit Magnetpigmenten, Flitterpartikel, in ultraviolettem Licht leuchtende Farben, fluoreszierende Farben und eine kreisrunde Papierverdünnung mit dem Durchsichtsregister. Im Farbbalken der Vorderseite befindet sich das sog. Latent-Image mit der Mikroschrift, dem Kinegram und dem Perlglanzstreifen. Ab dem 1.10.90 wurden die neuen Banknoten in Umlauf gebracht. Ungültig wurde die Banknotenserie Ende März 2002.

5 DM-Banknoten *1991*

Für die kleinste deutsche Banknote wählte man ein Portrait der Dichterin Bettina von Arnim (1785-1859). Bettina von Arnim wurde 1785 in Frankfurt geboren und gehört zu den herausragenden Persönlichkeiten der deutschen Literaturgeschichte. Sie hatte engen Kontakt zu den bedeutendsten Dichtern ihrer Zeit, zu denen auch Johann Wolfgang von Goethe zählte. Zu ihren bekanntesten Werken zählt ihr Buch „Goethes Briefwechsel mit einem Kinde". Im Hintergrund sieht man eine Teilansicht des Gutes Wiepersdorf sowie das Stadtschloss und die Friedrichsbrücke von Berlin. Neben ihrem Porträt ist ein Füllhorn abgebildet.

Die Rückseite zeigt das Brandenburger Tor, das zu Lebzeiten von Arnims erbaut worden ist. Im Weißfeld ein Hinweis auf den Briefwechsel der Dichterin und Unterschriften bedeutender Persönlichkeiten.

1991 5 DM Banknote

296 *Nummer nach Rosenberg*
Maße: 122 x 62 mm
Ausgabedatum: 01.08.1991
Unterschriften: „Schlesinger - Tietmeyer"

Abbildungen verkleinert.

Standardnote A, D		III -,-		I 10,-
Ersatznote Y		III 10,-		I 20,-

10 DM-Banknoten *1989-1999*

Den Astronomen, Geodäten und Physiker Carl Friedrich Gauß (1777-1855) bildet die Vorderseite der Banknote ab. Gauß wurde in Braunschweig geboren und etablierte sich schnell als einer der führenden Mathematiker und Astronomen seiner Zeit. Im Hintergrund diverse Gebäude des historischen Göttingen (die Johanniskirche, die Sternwarte, das Rathaus, das Museum und die Universitätsaula). Neben seinem Porträt eine sogenannte Gaußsche Glocke.

Ein Vizeheliotrop, ein spezieller von Gauß entwikkelter Sextant, wird auf der Rückseite dargestellt. Im Weißfeld ein Dreiecksnetz der Gaußschen Gradmessung.

1989 10 DM Banknote

292 *Nummer nach Rosenberg*
Maße: 130 x 65 mm
Ausgabedatum: 02.01.1989
Unterschriften: „Pöhl - Schlesinger"

Abbildungen verkleinert.

Standardnote AA, AD, AG, AK, AL, AN, AS, AU	III	-,-	I	40,-
Ersatznote YA	III	30,-	I	80,-

Banknoten 1989-1999

1991 10 DM Banknote

297 *Nummer nach Rosenberg*
Maße: 130 x 65 mm
Ausgabedatum: 01.08.1991
Unterschriften: „Schlesinger - Tietmeyer"

Abbildungen verkleinert.

Standardnote AU, AY, AZ, DA, DD	III -,-	I 30,-
Ersatznote YA	III 25,-	I 50,-

1993 10 DM Banknote

303 **Nummer nach Rosenberg**
Maße: 130 x 65 mm
Ausgabedatum: 01.10.1993
Unterschriften: „Tietmeyer - Gaddum"

Abbildungen verkleinert.

Standardnote DD, DG, DK, DL, DN, DS, DU, DY, DZ, GA, GD, GG, GK, GL, GN		▭ -,-	▭ 20,-
Ersatznote YA		▭ -,-	▭ 30,-
Ersatznote ZA		▭ 200,-	▭ 600,-

Banknoten 1989-1999

1999 10 DM Banknote

312 *Nummer nach Rosenberg*
Maße: 130 x 65 mm
Ausgabedatum: 01.09.1991
Unterschriften: „Welteke - Stark"

Abbildungen verkleinert.

Standardnote GN, GS, GU		III -,-	I 30,-
Ersatznote ZA		III 40,-	I 80,-

Banknoten 1989-1999

20 DM-Banknoten *1991-1993*

Die Banknote zeigt die Dichterin Annette von Droste-Hülshoff (1797-1848). In der Nähe von Münster wurde 1797 Annette von Droste-Hülshoff geboren. Schon im Alter von sieben Jahren schrieb sie ihr erstes Gedicht. Am bekanntesten ist sie für ihr Prosawerk „Die Judenbuche" und ihre umfangreiche Lyrik. Sie starb im Mai 1848 und gilt heute als bedeutendste deutsche Dichterin des 19. Jahrhunderts. Im Hintergrund historische Gebäude der Stadt Meersburg (das alte Schloss, das Obertor und das Zollhaus). Neben ihr ist ein Zweig angeordnet.

Eine Schreibfeder und eine Buche, mit der auf Annette von Droste-Hülshoffs Novelle "Die Judenbuche" Bezug genommen wird, ist auf der Rückseite abgebildet. Auf der Weißfläche ein aufgeschlagenes Buch.

1991 20 DM Banknote

298 ***Nummer nach Rosenberg***
Maße: 138 x 68 mm
Ausgabedatum: 01.08.1991
Unterschriften: „Schlesinger - Tietmeyer"

Abbildungen verkleinert.

Standardnote AA, AD, AG, AK, AL, AN, AS, AU, AZ		III -,-		I 60,-
Ersatznote ZA		III 200,-		I 470,-

Banknoten 1989-1999

1993 **20 DM Banknote**

304
Nummer nach Rosenberg
Maße: 138 x 68 mm
Ausgabedatum: 01.10.1993
Unterschriften: „Tietmeyer - Gaddum"

Abbildungen verkleinert.

Standardnote AU, AY, AZ, DA, DD, DG, DK, DL, DN, DS, DU, DY, DZ, GA, GD

 -,-   40,-

Ersatznote ZA

 -,-   80,-

Banknoten 1989-1999

50 DM-Banknoten *1989-1996*

Der Barockbaumeister Balthasar Neumann (1687-1753) wird auf der Vorderseite dargestellt. Neben ihm ist ein Proportionalzirkel abgebildet. Balthasar Neumann wurde 1687 in Eger geboren. 1719 betraute man ihn mit der Leitung des fürstbischöflichen Bauwesens in Würzburg. Unter den zahlreichen von ihm erbauten Barockgebäuden gilt die Würzburger Residenz als der vollkommendste Schlossbau seiner Zeit. Ab 1731 lehrte der geniale Baumeister an der Würzburger Universität. Balthasar Neumann starb am 19. August 1753. Im Hintergrund werden historische Gebäude von Würzburg gezeigt (die Festung Marienberg, die Schönbornkapelle, die Residenz, die alte Mainbrücke, das alte Rathaus und das Holztor). Neben ihm ist ein Winkelmaß abgebildet.

Auf der Rückseite sieht man eine Teilansicht des Treppenhauses der Würzburger Residenz und im Längsschnitt die Benediktiner-Abteikirche Neresheim. Im Weißfeld ist der Grundriss der Heilig-Kreuz-Kapelle Kitzingen-Etwashausen abgebildet.

1989 50 DM Banknote

293 ***Nummer nach Rosenberg***
Maße: 146 x 71 mm
Ausgabedatum: 02.01.1989
Unterschriften: „Pöhl - Schlesinger"

Abbildungen verkleinert.

Standardnote AA, AD, AG, AK		III -,-	I	200,-
Ersatznote YA		III 150,-	I	350,-

Banknoten 1989-1999

1991 50 DM Banknote

299 *Nummer nach Rosenberg*
Maße: 146 x 71 mm
Ausgabedatum: 01.08.1991
Unterschriften: „Schlesinger - Tietmeyer"

Abbildungen verkleinert.

Standardnote AK, AL, AN, AS, AU		III -,-		I 120,-
Ersatznote YA		III 120,-		I 250,-

1993 50 DM Banknote

305 *Nummer nach Rosenberg*
Maße: 146 x 71 mm
Ausgabedatum: 01.10.1993
Unterschriften: „Tietmeyer - Gaddum"

Abbildungen verkleinert.

Standardnote AU, AY, AZ, DA		III -,-		I 100,-
Ersatznote YA		III 70,-		I 140,-

1996 50 DM Banknote

309 *Nummer nach Rosenberg*
Maße: 146 x 71 mm
Ausgabedatum: 02.01.1996
Unterschriften: „Tietmeyer - Gaddum"
Mit verbesserten Sicherheitsvorkehrungen

Abbildungen verkleinert.

Standardnote DA, DD, DG, DK, DL, DN, DS, DU, DY, DZ

Ersatznote YA

 -,-   80,-

 70,-   110,-

Banknoten 1989-1999

100 DM-Banknoten *1989-1996*

Die 100 DM-Banknote zeigt die Pianistin und Komponistin Clara Schumann (1819-1896). Geboren wurde die Pianistin und Komponistin Clara Schumann am 1819 in Leipzig. Mit neun Jahren gab sie ihr erstes Konzert und machte eine große Karriere als eine der erfolgreichsten und bekanntesten Pianistinnen Europas. Verheiratet war Clara Schumann mit dem Komponisten Robert Schumann. Im Hintergrund abgebildet mehrere Gebäude des historischen Leipzig (Thomaskirche, Gewandhaus, die alte Waage, das alte Rathaus und das alte Theater). Neben der Musikerin ziert eine Lyra die Vorderseite.

Ein Konzertflügel sowie das Hochsche Konservatorium in Frankfurt, in dem Clara Schumann viele Jahre lehrte, ist auf der Rückseite dargestellt. Im Weißfeld schwingende Stimmgabeln.

1989 100 DM Banknote

294 ***Nummer nach Rosenberg***
Maße: 154 x 74 mm
Ausgabedatum: 02.01.1989
Unterschriften: „Pöhl - Schlesinger"

Abbildungen verkleinert.

Standardnote AA, AD, AG, AK, AL, AN, AS, AU | -,- | 250,-
Ersatznote ZA | 200,- | 1.000,-

Felddruck mit kopfstehenden Wasserzeichen,
seitenverkehrt auf der rechten Seite der Vorderseite | 300,- | 500,-

1991 100 DM Banknote

300 **Nummer nach Rosenberg**
Maße: 154 x 74 mm
Ausgabedatum: 01.08.1991
Unterschriften: „Schlesinger - Tietmeyer"

Abbildungen verkleinert.

Standardnote AU, AY, AZ, DA, DD, DG, DK, DL, DN	III	-,-	I	240,-
Ersatznote ZA	III	-,-	I	300,-

1993 100 DM Banknote

306   *Nummer nach Rosenberg*
   Maße: 154 x 74 mm
   Ausgabedatum: 01.10.1993
   Unterschriften: „Tietmeyer - Gaddum"

Abbildungen verkleinert.

Standardnote DN, DS, DU		III -,-	I	200,-
Ersatznote ZA		III -,-	I	300,-

Banknoten 1989-1999

1996 100 DM Banknote

310 ***Nummer nach Rosenberg***
Maße: 154 x 74 mm
Ausgabedatum: 02.01.1996
Unterschriften: „Tietmeyer - Gaddum"
Mit verbesserten Sicherheitsvorkehrungen

Abbildungen verkleinert.

Standardnote GA, GD, GG, GK, GL, GN, GS, GU, GY, GZ, KA, KD, KG, KK, KL, KN, KS	III -,-	I	180,-
Ersatznote ZA	III -,-	I	250,-

Sicherheitsmerkmale

Die Geldscheine der Werte 50, 100 und 200 DM werden zusätzlich durch vier hochmoderne Sicherungsverfahren vor Fälschungen geschützt: dem Kinegram, dem Perlglanzstreifen, dem Latent-Image und der Mikroschrift.

Kinegram: Beim 50 DM-Schein hat das Kinegram z. B. die Form eines Karos und enthält die Wertzahl 50 sowie im Untergrund weitere Wertzahlen in Mikroschrift. Ändert man den Blickwinkel erscheint ein Bundesadler in einem Sechseck. An zwei Seiten entlang des Karos erscheinen in silbriger Mikroschrift die Wert- und Währungsbezeichnung „50 DM". Das Kinegram wird nach der Fertigstellung des Untergrunddruckes mit einem speziellen Klebstoff auf die Banknoten der Einzelbogen aufgebracht. Es verschmilzt praktisch mit der Papieroberfläche. Die 100 und 200 DM- Noten zeigen entsprechend andere Motive.

Perlglanzstreifen: Mit den Perlglanzstreifen wird der Farbbalken der Vorderseite überklebt. Je nachdem wie man die Banknote hält erscheint die Farbe des Streifens von Gold nach Grau.

Latent-Image: Das Latent-Image wird als kreuzweise geriffelter Überdruck über den Farbbalken hergestellt. Während beim 100 und 200 DM-Schein dieser Farbbalken auch breiter wurde, behielt er beim 50 DM-Schein seine alte Größe. Allerdings erscheint dafür bei der letztgenannten Note die Mikroschrift jetzt in größeren Buchstaben und die Strichdickenmodulation der Schriftbänder ist bei weitem nicht mehr so ausgeprägt.

Mikroschrift: Mit einer Lupe sind auf den Banknoten an manchen Stellen winzige Buchstaben zu erkennen. Auch die kleinsten Zeichen müssen auf einer Banknote gestochen scharf sein und dürfen keinesfalls verschwimmen.

200 DM-Banknoten *1989-1996*

Dem Mediziner und Serologen Paul Ehrlich (1854-1915) wurde die 200 DM Banknote gewidmet. 1854 wurde Paul Ehrlich in Strehlen/Oberschlesien geboren. Nach seiner Promotion zum Doktor der Medizin befasste er sich ausgiebig mit Forschungen zur Serologie, Krebsforschung und Chemotherapie. 1908 erhielt Ehrlich den Nobelpreis für seine Arbeiten zur Chemotherapie. Er starb 1915 hoch geehrt in Bad Homburg. Im Hintergrund sind historische Gebäude der Stadt Frankfurt zu erkennen (Römer, die Paulskirche, der Kaiserdom, das Goethehaus und die Hauptwache). Neben dem Wissenschaftler eine Rötgenstruktur-Analyse von Arsenobenzol.

Neben Strukturen von Bakterien und Viren zeigt die Rückseite ein Mikroskop, ein von Paul Ehrlich bei seiner Arbeit häufig benutztes Instrument. Im Weißfeld als Kennzeichen seines Berufes der Äskulapstab und eine stilisierte Retorte.

1989 200 DM Banknote

295 *Nummer nach Rosenberg*
Maße: 162 x 77 mm
Ausgabedatum: 02.01.1989
Unterschriften: „Pöhl - Schlesinger"

Abbildungen verkleinert.

Standardnote AA, AD, AG, AK		-,-		370,-
Ersatznote YA		-,-		450,-

Banknoten 1989-1999

1996 200 DM Banknote

311 **Nummer nach Rosenberg**
Maße: 162 x 77 mm
Ausgabedatum: 02.01.1996
Unterschriften: „Tietmeyer - Gaddum"
Mit verbesserten Sicherheitsvorkehrungen

Abbildungen verkleinert.

Standardnote AK		▨ -,-	▢ 300,-
Ersatznote YA		▨ -,-	▢ 400,-

Banknoten 1989-1999

500 DM-Banknoten *1991-1993*

Die zweitgrößte Banknote zeigt die Malerin, Kupferstecherin und Naturforscherin Maria Sibylla Merian (1647-1717) vor dem Hintergrund des historischen Nürnberg (Burg, Dürerhaus, Frauenkirche, Lorenzkirche, Heilig-Geist-Spital, Mauthalle und Stadtbefestigung). Maria Sibylla Merian wurde am 2. April 1647 in Frankfurt geboren. Sie widmete sich der Erforschung sowie der künstlerischen Abbildung von Pflanzen und Tieren. 1679 publizierte sie ihr auch in der Insektenforschung aufsehenerregendes Buch „Der Raupen wunderbare Verwandlung und sonderbare Blumennahrung". Neben ihr eine Wespe im Stil ihrer naturwissenschaftlichen Kupferstiche.

Die Rückseite zeigt eine Löwenzahnpflanze, auf dem Raupe und Falter des Grauen Streckfußes sitzen, sowie ein voll entwickelter Falter. Im Hintergrund die Silhouette eines Schmetterlings. Im Weißfeld die Abbildung einer aufgegangenen Blüte des Löwenzahn.

1991 500 DM Banknote

301 **Nummer nach Rosenberg**
Maße: 170 x 80 mm
Ausgabedatum: 01.08.1991
Unterschriften: „Schlesinger - Tietmeyer"

Abbildungen verkleinert.

Standardnote AA, AD		III -,-		I 700,-
Ersatznote YA		III -,-		I 900,-

Banknoten 1989-1999

1993 500 DM Banknote

307 *Nummer nach Rosenberg*
Maße: 170 x 80 mm
Ausgabedatum: 01.10.1993
Unterschriften: „Tietmeyer - Gaddum"

Abbildungen verkleinert.

Standardnote AD	III -,-	I	800,-
Ersatznote YA	III 600,-	I	1.100,-

Banknoten 1989-1999

1000 DM-Banknoten *1991-1993*

Der Tausender ist Wilhelm (1786-1859) und Jacob Grimm (1785-1863), den Sprachwissenschaftlern und Sammlern deutschen Sprach- und Kulturguts vorbehalten. 1785 wurde Jakob Ludwig Carl Grimm in Hanau geboren, ein Jahr später sein Bruder Wilhelm Karl. Von 1806 bis 1812 schrieben sie gemeinsam an einer Märchensammlung, die 1812 und 1814 erschien und ursprünglich für Erwachsene gedacht war. 1830 wurden beide als Professoren nach Göttingen berufen und gehörten später zu den Göttinger Sieben. 1859 starb Wilhelm und vier Jahre später auch Jakob. Im Hintergrund historische Gebäude der Stadt Kassel (Kommandantur, Schloß Wilhelmshöhe, Wohnhaus der Gebrüder Grimm, Marstall, Karmeliterkloster, Herkulessäule und das Museum Fridericianum). Neben den Brüdern die typographische Zeichnung des Buchstaben A.

Das „Deutsche Wörterbuch" und die Königliche Bibliothek in Berlin, eine der Wirkungsstätten der Grimms wird auf der Rückseite gezeigt. Daneben ein Teil des handschriftlichen Entwurfs zum Stichwort „Freiheit" als Faksimile. Das Mädchen aus dem Märchen „Der Sterntaler" ist im Weißfeld abgebildet.

1991 **1000 DM Banknote**

302 ***Nummer nach Rosenberg***
Maße: 178 x 83 mm
Ausgabedatum: 01.08.1991
Unterschriften: „Schlesinger - Tietmeyer"

Abbildungen verkleinert.

Standardnote AA, AD, AG	III -,-	I	1.400,-
Ersatznote YA	III -,-	I	1.600,-
Ersatznote ZA	III -,-	I	1.800,-

Banknoten 1989-1999

1993 1000 DM Banknote

308
Nummer nach Rosenberg
Maße: 178 x 83 mm
Ausgabedatum: 01.10.1993
Unterschriften: „Tietmeyer - Gaddum"

Abbildungen verkleinert.

Standardnote *AG, AK*	▯ -,-	▯ 1.500,-
Ersatznote *ZA*	▯ -,-	▯ 1.800,-

Kleines Lexikon

In knapper Form finden Sie hier Erläuterungen zu den wichtigsten numismatischen Fachbegriffen und Erhaltungsgraden. Die Erhaltung ist ein zentrales Kriterium zur Bestimmung des Wertes einer Münze (neben der Seltenheit, der Prägeauflage sowie der entsprechenden Marktsituation). Für die Angabe des Erhaltungsgrades hat sich im Münzhandel und bei Münzsammlern im Laufe der Zeit ein einheitliches, international anerkanntes System von Qualitätsstufen herausgebildet.

Erhaltungsgrade bei Münzen:

Polierte Platte (PP):
Die höchste Qualitätsstufe moderner Münzen. Eine entsprechende Qualitätsbezeichnung ist Spiegelglanz und mit Einschränkungen Prooflike (PL).

Die Polierte Platte (PP) ist streng genommen kein Erhaltungsgrad, sondern ein modernes Prägeverfahren. Die Münzen in dieser Qualität werden unter Verwendung polierter Stempel (Prägewerkzeuge) sowie polierter Ronden (Münzplättchen, Schrötlinge) hergestellt. PP-Münzen zeichnen sich durch feinmattierte Reliefs und einen spiegelnd-glänzenden Hintergrund aus. Die Herstellung ist sehr aufwendig, da die Prägestempel häufiger nachpoliert oder gewechselt werden müssen als bei normalen Prägungen. Zudem werden die Stücke einzeln in die Prägemaschine gelegt, von Hand entnommen und einzeln verpackt.

PP-Münzen sind sehr empfindlich und sollten nie mit bloßen Fingern berührt werden. Münzkapseln aus Kunststoff sind unbedingt empfehlenswert.

Kleines Lexikon

Stempelglanz (st)

Höchster Erhaltungsgrad für Münzen, die im normalen Prägeverfahren hergestellt wurden.

Münzen der Qualität Stempelglanz sind absolut unzirkuliert (d.h. nicht im Geldumlauf gewesen) und ohne sichtbare Beschädigungen, Kratzer oder Abnutzungen. Auf die Polierung der Stempel und Rohlinge bei der Herstellung wird hier verzichtet (vgl. Polierte Platte). Zur Erhaltung ihres charakteristischen Metallglanzes sollten die Münzen der Qualität Stempelglanz ebenfalls in Kapseln aufbewahrt werden.

Vorzüglich (vz)

Vorzüglich erhaltene Münzen waren nur kurz im Umlauf, sie dürfen daher minimale Abnutzungen, Beschädigungen oder Kratzer aufweisen, auch ist der Prägeglanz meist verschwunden. Das Münzbild sollte aber in allen Einzelheiten einwandfrei erkennbar sein, besonderes Augenmerk richtet sich beispielsweise auf die vollerkennbaren Haare bei Münzportraits oder die kleinen Details bei Wappenabbildungen. Auch bei diesem Erhaltungsgrad ist eine Aufbewahrung in Münzkapseln zu empfehlen.

Sehr schön (ss)

Münzen in dieser Erhaltung waren länger im Umlauf und weisen die entsprechenden Spuren und Abnutzungen auf: Kleinere Kratzer, Randbeschädigungen und geringfügige Abflachungen des Reliefs. Das Münzbild sollte aber gut erkennbar sein und alle Details aufweisen, wenn auch nicht mehr in aller Deutlichkeit und Schärfe. Bei Portraits beispielsweise können die erhabensten Stellen abgerieben sein, das Relief muss aber noch vorhanden sein.

Kleines Lexikon

Offizieller Kursmünzensatz (KMS)

Offizielle Kursmünzensätze sind vollständige Sätze mit allen Nominalen (Wertstufen) der Umlaufmünzen (Kursmünzen, für den Zahlungsverkehr bestimmte Münzen) eines Prägejahres. Die offiziellen DM-Kursmünzensätze werden von allen deutschen Prägestätten in den Qualitäten Stempelglanz und Polierte Platte hergestellt (PP seit 1964, regelmäßig von allen Prägestätten seit 1971; Sätze in Stempelglanz seit 1974).

Die DM-Kursmünzensätze in der Qualität Stempelglanz werden in einer offiziellen Schutzverpackung (Blister) ausgegeben, in dem die Münzen in Kunststoff eingeschweißt sind. Bisweilen sind Münzen enthalten, die exklusiv für die Kursmünzensätze geprägt und in dem betreffenden Jahr nicht in Umlauf gegeben wurden.

DM-Kursmünzensätze in Polierter Platte werden in Hartplastikfoldern ausgegeben. Die Auflagen der offiziellen Kursmünzensätze sind stark limitiert.

Erhaltungsgrade bei Banknoten:

I (kassenfrisch)

Bezeichnung für druckfrische Geldscheine, die ohne jegliche Gebrauchsspur erhalten sind.

III (gebraucht)

Bezeichnung für Geldscheine, die im Geldverkehr zirkulierten (mit Knicken und/oder Schmutzflecken, dennoch unbeschädigt und ohne wesentliche Beeinträchtigung des Aussehens).

Notizen

Notizen

Jede aufgeführte Münze oder Banknote wurde in zwei bis vier Erhaltungen bewertet. Die Erhaltungen sind im kleinen Lexikon am Ende des Kataloges erläutert. Alle Preise sind Richtwerte auf Euro-Basis und orientieren sich nach der bei Redaktionsschluss aktuellen Marktsituation. Die Preisangaben sind Sammlerpreise und keine absoluten Werte; Unterschiede und Schwankungen der Angebote auf dem Markt sind selbstverständlich. Die notierten Preise sollen dem Sammler vor allem eine Orientierung zur Unterscheidung von Seltenheiten, Wertverhältnissen und Preisentwicklungen geben.